펴낸날 2025년 5월 10일

글 김용란
그린이 호시우보
펴낸이 오동섭
펴낸곳 대일출판사
주소 서울특별시 동대문구 하정로 47(신설동). 4층 402호
전화 766-2331
팩스 745-7883
등록 제1-87호(1972. 10. 16)
기획 김진홍
편집 | 디자인 정글북

ISBN 978-89-7795-586-8   73800

이 책에 실린 글, 그림은 저작권자의 동의 없이 무단전재나 복제를 할 수 없습니다.
잘못 만들어진 책은 구입하신 서점에서 바꿔 드립니다.

대일출판사는 아이와 같은 순수함으로 좋은 책을 만듭니다.
해맑은 아이의 웃음을 책에 담습니다.

품명 아동도서　　**제조년월** 2025년 5월 10일
사용연령 8세 이상　**제조자명** 대일출판사
제조국 대한민국　　**연락처** 02-766-2331
주소 서울특별시 동대문구 하정로 47(신설동) 4층 402호
주의사항 종이에 베이거나 긁히지 않도록 조심하세요.
책 모서리가 날카로우니 던지거나 떨어뜨리지 마세요.
KC마크는 이 제품이 공통안전기준에 적합하였음을 의미합니다.

초등학생이 궁금해 하는 우리 역사 베스트

한국사를 부탁해

글 김용란 그림 호시우보

대일출판사

머리말

역사는 사람이 지구상에 살면서부터 시작되었습니다. 그리고 그 역사는 끊임없이 변화하고 발전해왔습니다.

역사를 일컬어 흔히 삶의 거울이라고 합니다. 우리 조상들이 걸어온 과거의 발자취 없이는 현재가 있을 수 없고, 또 현재는 앞으로 다가올 미래의 밑거름이 됩니다. 때문에 사람들은 과거를 돌아봄으로써 자신을 들여다볼 수 있는 지혜를 얻습니다.

어떤 친구들은 '과거의 역사를 살펴보는 것이 내게 무슨 도움이 될까?'하고 고개를 갸웃거릴 지도 모릅니다. 하지만 오래 전 과거에 무슨 사건이 일어나 어떠한 영향을 미쳤는지, 그 영향에 대한 당시 평가와 오늘날의 평가는 어떻게 다른지 등등을 알아보는 과정 속에서 우리의 뿌리는 물론 우리 민족에 대한 긍지를 찾을 수 있습니다.

그런데 '역사'하면 왠지 지루하고 딱딱한 느낌이 드는 것도 사실입니다. 셀 수 없이 많은 복잡한 사건이며 그 사건이 일어난 연대, 원인…… 마치 제대로 외워두어야 할

것 같은 부담감이 생기기도 하지요? 하지만 역사는 그렇게 딱딱하고 복잡한 것만은 아닙니다. 우리가 생활하면서 품게 되는 갖가지 궁금증들이 바로 역사이거든요. 텔레비전을 보거나 책을 읽다가 '한반도에 사람이 처음 살기 시작한 때는 언제인가?', '삼국 시대에 왜 신라에만 여왕이 있었을까?', '과거 시험이 논술 고사였다고?' 하고 한번쯤 생각해 본 적이 있을 거예요.

바로 그러한 궁금증에 대한 해답이 역사 속에 담겨 있답니다.

역사적인 사건들 뒤에 숨어 있는 흥미진진한 이야기들이 우리 친구들의 우리 역사 궁금증을 시원하게 풀어줄 거예요.

자, 우리 삶의 거울인 역사 공부를 재미있게 시작해 보면 어떨까요?

차례

한반도에 사람이 처음 살기 시작한 때는 언제인가요? 8

단군 신화는 단지 신화일 뿐인가요? 12

건국 신화의 신성한 인물은 알에서 태어난다고요? 16

백제를 두 사람이 세웠다고요? 20

수로왕의 왕비는 정말 인도의 공주였나요? 24

고구려, 백제, 신라 사람들은 서로 말이 통했나요? 28

옛날 사람들은 형이 죽으면 형수를 아내로 삼았다면서요? 32

가야가 존재했던 사국 시대를 왜 삼국 시대라고 하나요? 36

죽은 사람을 위해 산 사람을 함께 묻었다면서요? 40

바보 온달은 정말 바보였나요? 44

을지문덕 장군이 고구려 사람이 아니라고요? 48

신라에만 여왕이 있었던 이유가 뭔가요? 52

신라의 화랑들은 왜 화장을 하였나요? 56

고구려가 멸망한 이유는 연개소문의 아들 때문이라고요? 60

신라의 삼국 통일로 만주 벌판을 빼앗겼다고요? 64

만파식적을 불면 정말 적군이 물러갔나요? 68

에밀레종을 치면 정말 아이의 울음소리가 들리나요? 72

첨성대는 별을 관측한 게 아니라고요? 76

처용이 아라비아 인 이었다고요? 80

이차돈이 죽을 때 흰 피를 흘리고 꽃비가 내렸나요? 84

우리나라에 남북국 시대가 있었다고요? 88

궁예의 부하였던 왕건이 어떻게 후삼국을 통일할 수 있었나요? 92

고려 사람들은 왜 내시가 되려고 했나요? 96

고려 시대 고려장 풍습은 정말 있었나요? 100

노비를 물건처럼 사고 팔 수 있었나요? 104

〈삼국사기〉와 〈삼국유사〉는 어떻게 다른가요? 108

무당들은 왜 최영 장군을 신으로 모시는 건가요? 112

누가 신돈을 요승으로 만들었나요? 116

고려 시대 공녀란 무엇인가요? 120

고려 청자를 만든 도공들은 어디로 사라졌나요? 124

몽골과 맞서 싸운 삼별초는 어떤 사람들이었나요? 128

묘청이 주장한 풍수지리설은 미신인가요? 132

황희 정승은 정말 비가 새는 집에서 살았나요? 136

사육신과 생육신은 어떤 사람들인가요? 140

과거 시험이 논술 고사였다고요? 144

조선 시대 학생들은 어떻게 데모를 했나요? 148

신문고는 아무나 두드릴 수 없었다고요? 152

광해군은 정말 폭군이었나요? 156

정승은 왕이 마음대로 뽑았나요? 160

뒤주에서 죽은 사도세자는 정말 정신병자였나요? 164

세계 최초의 신문이 조선에 있었다고요? 168

〈대동여지도〉를 만든 김정호는 정말 감옥에 갇혀 죽었나요? 172

갑신정변을 왜 '3일 천하'라고 부르나요? 176

독립 협회는 정말 나라의 독립을 위해 싸웠나요? 180

오백 년 조선 왕조는 어떻게 역사 속으로 사라졌나요? 184

3.1운동 때 민족 대표 33인이 파고다 공원에 없었다고요? 188

부록 : 한국사사전, 왕계표 192~201

초등학생이 가장 궁금해 하는 우리 역사 베스트

한반도에 사람이
처음 살기 시작한 때는 언제인가?

"무슨 일이 일어난 거야? 너무 추워서 얼어 죽겠네!"

지금으로부터 약 5백만 년 전, 지구는 급격한 환경 변화를 맞이했습니다. 빙하기가 닥쳤던 것입니다.

"먹을 걸 찾아서 아래로 내려가는 게 좋겠어."

기온의 변화로 인해 잎이 큰 활엽수림이 사라지고 주위가 점차 초원으로 바뀌게 되자 사람들은 들판으로 내려갔습니다.

"초원 생활은 너무나 힘들어. 사나운 짐승들 때문에 도저히 살 수가 없어."

사람들은 허리를 조금 구부린 채 무릎까지 내려오는 긴 팔을 흔들면서 부지런히 걸어가고 있었습니다.

사람들이 도착한 곳은 어느 큰 동굴이었습니다. 동굴 안은 제법 넓어서 그곳에 모인 사람들이 넉넉하게 앉을 수 있었습니다.

이곳저곳에 자리를 잡고 앉은 사람들은 돌멩이를 하나씩 들더니 고개를 갸웃거리면서 뭔가를 생각하는 듯했습니다. 그러더니 돌멩이를 바위에 내리치거나 돌멩이끼리 서로 부딪쳐서 날카롭게 조각을 냈습니다. 또 동물의 뼈나 뿔로 돌을 때려서 조금씩 모양을 만들기도 했습니다.

사람들은 적당한 모양으로 깨뜨린 돌을 들고 다시 한 곳으로 모여 들었습니다. 그들이 모인 곳 앞 쪽 바위 벽에는 코뿔소나 멧돼지 같은 동물들이 그려져 있었습니다.

사람들은 미리 약속이나 한 것처럼 동물 그림을 향하여 힘껏 창을 찌르거나 돌을 던지는 시늉을 했습니다. 그런 그들의 행동은 아주 엄숙해 보였고 함성은 동굴이 흔들릴 정

8 한국사를 부탁해

도로 쩌렁쩌렁했습니다. 그렇게 한참 동안 사냥 연습 의식을 치른 뒤 다시 흩어져 각자의 동굴로 돌아갔습니다.

다음 날 아침, 남자들은 사냥 준비를 하기 시작했습니다. 어젯밤에 만든 돌멩이를 챙기고 또, 그 돌멩이를 끼워서 만든 창도 준비했습니다. 그러고는 20 ~ 30명씩 무리를 지어 사냥을 떠났습니다.

"야, 저기 멧돼지를 잡아라!"

남자들은 큰 멧돼지를 그날의 사냥감으로 정하고 우르르 달려들어 창을 던지며 멧돼지를 공격하기 시작했습니다. 여러 무리가 한참 동안 계속 몰아붙이자 멧돼지는 쓰러졌습니다.

"드디어 오늘 먹을 양식을 구했다!"

남자들은 멧돼지를 메고 돌아와서 똑같이 나눈 뒤 각자 동굴로 돌아갔습니다.

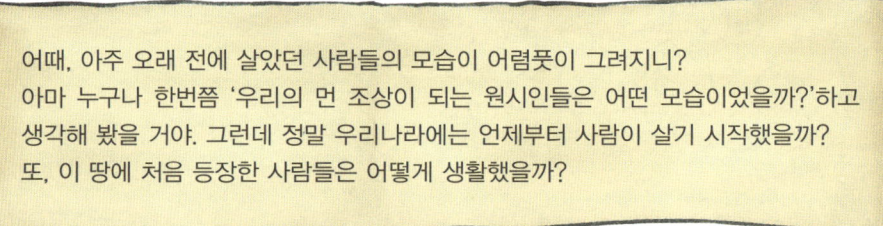

어때, 아주 오래 전에 살았던 사람들의 모습이 어렴풋이 그려지니?
아마 누구나 한번쯤 '우리의 먼 조상이 되는 원시인들은 어떤 모습이었을까?'하고
생각해 봤을 거야. 그런데 정말 우리나라에는 언제부터 사람이 살기 시작했을까?
또, 이 땅에 처음 등장한 사람들은 어떻게 생활했을까?

궁금한 우리 역사 찾기

한반도 여러 곳에서 구석기 시대 유물 출토

아주 오랜 옛날 지구는 빙하기를 겪었습니다. 갑자기 기온이 낮아지자 울창한 원시림은 사라지고 초원이 넓게 자리잡았습니다. 그런데 초원은 사나운 짐승들의 천국이었습니다. 그래서 인류의 조상들은 사나운 짐승에 쫓기면서 먹을 것을 구해야 했습니다.

이들은 사나운 동물을 피해 주로 동굴에 살면서 식물의 열매를 따 먹거나 물고기, 동물 등을 잡아 먹었습니다. 그리고 수십 명씩 무리를 지어서 옮겨 다녔습니다. 그렇다면 지금 우리가 사는 이 땅에 처음 살기 시작한 우리의 조상들도 이렇게 생활을 했을까요?

우리가 살고 있는 이 땅에 사람이 살기 시작한 것은 약 70만 년 전이었습니다. 이때를 구석기 시대라고 하는데, 이 시대의 대표적인 유물은 돌을 깨뜨려 만든 뗀석기(타제석기)입니다. 하지만 구석기 시대를 살아 온 사람들의 모습과 생각을 짐작해 볼 수 있는 흔적은 그리 많지 않습니다.

1960년대 이후로 충남 공주 석장리, 함북 웅기 굴포리, 경기도 연천 전곡리 등에서 구석기 유적과 유물이 발견되었습니다. 또, 1972년 평안 남도 덕천 승리산 동굴에서는 구석기인의 어금니 2개와 어깨뼈 1개가 발굴되었습니다.

이것들로부터 우리는 구석기 시대부터 이 땅에 사람이 살기 시작했고 또, 어

주먹도끼 구석기 사람들이 사냥을 하거나 고기를 자를 때 즐겨 사용한 도구. 경기도 연천군 전곡리에서 발견 되었다.

움집 신석기 시대 사람들이 살았던 움집을 복원한 모습. 서울 강동구 암사동 선사 주거지

떻게 살았는지 어느 정도 짐작할 수 있을 뿐입니다.

당시 구석기 시대 사람들은 자연의 두려움을 조금이나마 피하기 위해 주로 동굴이나 바위 그늘에서 살았습니다. 또는 물고기를 잡을 수 있는 강이나 바닷가에서 겨우 비바람만 막을 수 있는 움막을 짓고 살기도 했습니다. 그런가 하면 몇십 명씩 무리를 지어서 살았으며, 구해 온 식량은 똑같이 나누어 먹었습니다.

그들에게 사냥은 생명을 유지하는 가장 중요한 수단이었습니다. 그러나 기술이나 사냥 도구가 제대로 발달하지 않았기 때문에 사냥은 생명을 건 두려운 싸움일 수밖에 없었습니다. 그래서 그들에겐 공포를 이길 만한 무언가가 필요했습니다. 그 방법이 바로 동굴 벽에다 사냥감을 그리는 것이었습니다. 벽에 그려진 사냥감은 이미 그들에겐 잡힌 것이나 다름없었을 테니까요.

그들은 그림에다 창을 찌르는 의식을 치른 뒤에야 다음 날 자신있게 사냥을 할 수 있었던 것입니다. 이처럼 우리의 조상은 나약한 상태로 출발했지만 여러 가지 방법으로 자연의 변화에 적응하면서 살아온 것입니다.

초등학생이 가장 궁금해 하는 우리 역사 베스트

단군 신화는
단지 신화일 뿐인가요?

아득한 옛날, 하늘 나라를 다스리는 환인이라는 신이 있었습니다. 환인에게는 환웅이라는 아들이 있었는데, 그는 인간 세상에 아주 관심이 많았습니다.

하루는 환웅이 아버지에게 말했습니다.

"아버님, 저는 땅으로 내려가서 인간 세상을 다스리고 싶습니다."

환인이 아들의 말을 듣고 인간 세상을 굽어 보니 참으로 아름다웠습니다.

"네 뜻을 알겠다. 내가 살펴보니 네가 인간을 다스려 널리 이롭게 해 줄 수 있을 것 같구나."

이렇게 해서 환웅은 인간 세상을 다스리는 데 필요한 천부인(하늘이 준 증표) 3개와 부하 3000명을 데리고 태백산 꼭대기 신단수로 내려왔습니다. 환웅은 그곳을 신시라고 부르고 세상을 다스리기 시작했습니다.

환웅은 바람, 비, 구름을 다스리는 신하를 거느리고 농사, 생명, 병, 죄와 벌, 선과 악 등 세상에서 일어나는 360가지 일들을 돌보고 가르쳐 인간들이 편안하게 살 수 있게 했습니다.

그러던 어느 날이었습니다.

곰 한 마리와 호랑이 한 마리가 찾아와서 환웅에게 간절히 빌었습니다.

"저희들도 사람이 되고 싶습니다. 사람만 될 수 있다면 무엇이든 하겠습니다."

그 말을 들은 환웅은 그들에게 쑥과 마늘을 주면서 말했습니다.

"너희의 소원이 그렇다면 이 쑥과 마늘을 먹으면서 100일 동안 햇빛을 보지 말아라. 그러면 사람이 될 수 있을 것이다."

그날부터 곰과 호랑이는 마늘과 쑥만 먹으며 동굴 속에서 살기 시작했습니다. 하지만 참을성 없는 호랑이는 동굴을 뛰쳐나가 버렸고, 100일 동안 잘 견딘 곰은 예쁜 여자(웅녀)로 변했습니다.

웅녀는 기쁜 마음에 시간가는 줄 모르고 얼마 동안을 지냈습니다. 하지만 곧 또 한 가지 소원이 생겼습니다.

'나도 결혼을 해서 아기를 낳고 싶다.'

웅녀는 매일 신단수에 가서 아기를 낳게 해 달라고 빌었습니다.

웅녀의 기도를 들은 환웅은 안타까운 생각에 웅녀와 결혼했습니다.

얼마 후, 웅녀는 건강한 아들을 낳았는데, 그 아기가 바로 단군 왕검입니다.

후에 단군 왕검은 평양성(아사달)에 조선이라는 나라를 세웠습니다. 그리고 그곳에서 1500년 동안 백성을 다스렸습니다.

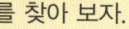

이 이야기는 우리가 잘 알고 있는 단군 신화야. 단군 신화를 보면 우리의 조상은 단군 할아버지고 우리가 사는 이 땅에 맨 처음 세워진 나라는 고조선이야.
그런데 이것이 단군 신화의 전부일까? 그저 사람이 된 곰이 단군을 낳았다는 것, 그리고 단군이 고조선을 세웠다는 게 말이야. 물론 이런 사실도 중요해. 하지만 단군 신화에 관한 많은 역사책이 나오는 걸 보면 이런 단순한 내용만이 전부는 아닌 게 틀림없어. 그렇다면 이 이야기가 다른 어떤 내용을 담고 있는 걸까? 이제 그 실마리를 찾아 보자.

궁금한 우리 역사 찾기

고조선 사회의 모습이 담겨 있는 단군 신화

단군 영정 단군은 우리 겨레의 시조이며 고조선의 첫 임금이다.

우리는 단군이 우리나라를 세웠다고 믿고 있습니다. 강화도 마니산에 있는 참성단은 그곳이 단군과 관련된 성지라는 것을 말해 주고, 대종교는 단군을 신으로 모시고 있습니다. 또 개천절에는 단군이 이 나라를 세운 것을 기념하고, 북한에서는 단군의 유골을 발굴했다고도 합니다.

그럼에도 불구하고 우리에겐 단군이 정말 실제로 살았던 인물이었는지 아닌지는 여전히 아리송한 문제로 남아 있습니다.

신화는 오랜 세월 동안 입에서 입으로 전해 내려오다가 기록으로 남겨진 것입니다. 그러는 과정에서 어떤 내용은 아예 없어지거나 조금씩 덧붙여지거나 바뀌기도 했습니다.

단군 신화는 〈삼국유사〉에 기록된 것이 제일 오래된 것입니다. 〈삼국유사〉는 고려의 승려 일연이 쓴 것입니다. 그러니까 단군 신화는 고조선이 건국된 지 약 3000년 정도 지난 후에 쓰여진 것입니다. 이렇게 보면 오랜 시간이 흐른 뒤에 쓴 단군 신화를 모두 믿는 건 좀 무리가 있는 듯합니다.

신화는 어디까지나 신화입니다. 그렇다고 모두 거짓은 아니지요. 당시 인간 세상의 모습을 반영하고 있는 것만은 분명하니까요.

그렇다면 단군 신화는 우리에게 무엇을 말해 주고 있을까요? 단군 신화의 내용을 차근차근 짚어 보면서 알아보도록 하지요.

14 한국사를 부탁해

마니산 참성단 고조선을 세운 신화 속의 인물 단군 왕검을 기리기 위한 제단. 해마다 개천절에 이곳에서 단군을 위한 제사를 올린다.

환웅이 하늘에서 땅으로 내려왔다는 것은 환웅 부족이 다른 곳에서 태백산으로 옮겨왔다는 것을 뜻합니다. 그런데 굳이 환웅을 신의 아들이었다고 한 까닭은 무엇일까요? 그것은 환웅 부족이 이미 태백산 부근에 있었던 종족보다 우세하다는 것을 강조하기 위해서였습니다.

또, 단군 신화에는 곰과 호랑이가 등장합니다. 먼 옛날 사람들은 짐승이나 사물에도 영혼이 있다고 생각하고 그 가운데 하나를 정해 자기 조상이라고 믿었습니다. 이것을 토테미즘이라고 합니다. 곰이나 호랑이는 바로 그런 부족들이 숭배했던 짐승이었다고 볼 수 있습니다.

그런데 두 짐승 가운데 곰만 사람이 되어 환웅과 결혼했습니다. 결국 단군 신화는 곰을 숭배했던 부족만이 새로 들어온 단군 집단과 결합했다는 것을 말합니다.

단군 왕검이라는 이름의 의미를 살펴보면 단군은 제사장, 왕검은 정치 권력자를 뜻합니다. 결국 단군 왕검은 제사장과 정치 권력자의 기능을 겸하고 있는 최고의 권력자였던 것입니다. 그리고 환웅이 거느리고 온 풍백, 우사, 운사는 각각 바람, 비, 구름을 다스리는 신을 가리킵니다. 그런데 세 가지 모두 농업과 깊은 관련이 있습니다. 이것으로 보아 환웅 집단은 농업을 중요시했다는 것을 알 수 있습니다.

이렇듯 단군 신화는 고조선 사회의 모습을 담고 있습니다.

초등학생이 가장 궁금해 하는 우리 역사 베스트

건국 신화의 신성한 인물은
알에서 태어난다고요?

신라가 세워지기 전에는 지금의 경주시와 월성군을 진한이라고 불렀습니다.

진한에는 여섯 부족이 있어서 각기 다른 촌장이 다스리고 있었는데, 한 지방을 각각 나누어 다스리려니까 복잡하고 불편했습니다. 그래서 촌장들은 고민이 많았습니다.

"우리 백성들을 좀 더 잘 다스릴 수 있는 좋은 방법이 없을까요?"

"제 생각에는 훌륭한 왕이 있었으면 좋겠습니다."

여섯 촌장은 모일 때마다 현명한 왕이 나타나기를 기도했습니다.

하루는 한 촌장이 남산에 올라가서 마을을 내려다보고 있었습니다. 그런데 그때 하늘에서 이상한 빛이 나정이라는 우물 쪽으로 뻗치고 있었습니다. 촌장은 너무나 이상해서 다른 촌장들을 불러 나정으로 달려가 보았습니다.

"아니, 이럴 수가?"

나정 가에서는 믿기 어려운 일이 벌어지고 있었습니다. 하얀 말 한 마리가 꿇어앉아 어딘가에다 절을 하고 있었는데, 그 말은 촌장들을 둘러보더니 곧 하늘로 날아올라갔습니다. 그런데 그 말이 절했던 곳을 보니 푸르스름한 큰 알이 하나 있었습니다.

촌장들은 흰 말이 하늘로 날아간 것이 이상했습니다. 그래서 그 알을 하늘에서 내려 준 선물이라고 생각했습니다.

"나는 이렇게 큰 알을 본 적이 없소. 이건 하늘에서 내린 것이 분명하오."

"틀림없이 좋은 일이 있을 징조입니다."

촌장들은 두근거리는 가슴을 가라앉히고 힘을 모아 알을 옮기려 했습니다.

그런데 그때 알이 조금씩 갈라지기 시작했습니다. 촌장들은 너무나 놀라 뒤로 물러났

습니다.

얼마 지나지 않아 그 알 속에서 사내 아이가 나타났습니다. 촌장들은 그 아이를 정성들여 목욕시킨 뒤 넙죽 절을 올렸습니다.

"우리의 임금님이 되어 주십시오."

목욕을 하고 난 아이의 몸에서는 찬란한 광채가 뻗쳐 나와 주위를 환하게 비추었습니다. 그래서 촌장들은 그 아이에게 '박혁거세'라는 이름을 지어 주었습니다.

박혁거세란 '박처럼 생긴 알에서 나온 세상을 밝게 하는 아이'라는 뜻입니다.

이 이야기는 신라의 시조 박혁거세 신화야. 말이 하늘을 날고 사람이 알에서 태어났다니 믿기지 않지? 그런데도 한 나라를 세운 많은 사람들의 탄생 이야기에는 알에서 태어났다는 내용이 많이 등장하거든.
그런 걸 보면 아주 먼 옛날에는 사람이 알에서 태어나는 일도 있었던 것일까?

궁금한 우리 역사 찾기

신비한 건국 신화에 담긴 뜻

여러분은 사람이 알에서 태어났다는 걸 믿나요? 아마 대부분은 '에이, 새빨간 거짓말' 하고 더 이상 생각하려 들지도 않을 것입니다. 하지만 우리가 아는 많은 건국 신화에는 분명 사람이 알에서 태어났다고 기록되어 있습니다.

고구려를 세운 주몽도 알에서 태어났고, 가야의 수로왕이나 석탈해도 알에서 태어났습니다. 그렇다면 사람이 알에서 태어났다는 게 사실일까요?

물론, 그렇지는 않습니다. 사람이 알에서 태어난다는 것은 있을 수 없는 일이니까요.

그러니 중요한 것은 사람이 알에서 태어났느냐 그렇지 않느냐가 아닙니다. 그런 내용을 가진 이야기가 그 사회에 미치는 영향력이지요.

나라를 세운 사람들은 자신이 알에서 태어났다는 과정을 보여 줌으로써 자신의 탄생은 하늘의 뜻이었다고 강조합니다. 출생부터가 보통 사람들과는 다르다는 것이지요. 이처럼 건국 신화는 나라를 세운 사람과 그 권위의 신성함을 강조하려는 목적에서 만들어졌습니다.

그런데 왜 믿을 수 없는 이야기를 해 가며 나라를 세운 사람의 탄생을 설명해야 했을까요?

그것은 고구려, 백제, 신라 등의 초기 국가가 세워질 때의 사정과 관련이 있습니다.

오릉 신라 시조 박혁거세와 왕후 알영, 그리고 남해왕, 3대 유리왕, 4대 파사왕이 묻혀 있는 것으로 알려져 있다. 경북 경주시 탑정동.

삼국을 세운 건국 시조들에게 가장 큰 골칫거리는 이미 그곳에 살고 았던 다른 집단 혹은 이웃에 자리잡고 있는 세력들이었습니다. 이런 만만치 않은 상황에서 나라를 세우려면 자신이 다른 집단보다 훨씬 우수하다는 점을 내세워야 했습니다. 그래야 힘으로 여러 집단을 통합시킨 뒤에도 그들을 쉽게 다스릴 수 있었을 테니까요.

이런 이유에서 나라를 세운 왕은 자신의 출생부터가 남들과 다르다는 것을 강조하기 위해 건국 신화를 만들거나 새롭게 고쳤던 것입니다.

그런데 이러한 과정은 왕 자신이 이끄는 집단 내의 세력을 정신적으로 통일시키는 데에도 많은 도움을 주었습니다.

그렇다고 건국 신화가 왕을 위한 것만은 아니었습니다. 자연을 힘들게 개척하고 다른 집단으로부터의 위협을 이겨내야 했던 고대인들에게 건국 신화는 자기 부족에 대한 자부심과 용기를 주었던 것입니다.

초등학생이 가장 궁금해 하는 우리 역사 베스트

백제를 두 사람이 세웠다고요?

고구려를 세운 주몽(동명성왕)에게는 유리 이외에 비류와 온조라는 두 아들이 더 있었습니다. 그런데 주몽이 아들 유리를 제2대 임금으로 정하자 온조와 비류는 크게 실망했습니다.

"우리의 기대가 물거품이 되고 말았어. 장차 유리 형님이 왕이 된 후에 우리를 구박하지는 않을까?"

둘은 머리를 맞대고 의논해 보았습니다. 하지만 대책은 쉽게 세워지지 않았습니다. 그러던 중 주몽이 세상을 뜨고 말았습니다.

"온조야, 아버지도 돌아가셨으니 남쪽으로 내려가서 나라를 세우는 게 어떻겠느냐?"

두 형제는 평소에 자신들을 따르던 신하들과 백성들을 데리고 남쪽으로 내려갔습니다. 말을 달리고 또 달려서 그들이 도착한 곳은 북한산이었습니다.

"저기 위례성(지금의 서울 강동구 일대) 북쪽에 도읍을 정하면 어떨까요? 높은 산이 있고 그 앞으로는 강이 있어서 도읍지로는 안성맞춤인 것 같습니다."

온조가 말하자 그를 따르는 많은 사람들이 좋다고 찬성했습니다. 하지만 비류는 잠시 머뭇거리더니 미추홀(지금의 인천)

20 한국사를 부탁해

로 가겠다고 했습니다.

"형님, 바다가 가까우면 항상 바람이 세고 물이 짜서 농사가 잘되지 않습니다. 가지 마십시오."

"아니야. 넓은 바다를 가까이 두고 살아야 백성들의 마음도 넉넉해지는 법이야."

온조가 말렸지만 비류는 미추홀로 떠났습니다. 위례성에 남은 온조는 나라 이름을 백제로 정하고 백성들과 함께 열심히 일했습니다. 그러자 그를 따르는 백성들이 날이 갈수록 점점 많아졌습니다.

한편, 미추홀에 도착한 비류는 넓은 바다를 보는 것만으로도 행복했습니다.

어느덧 봄이 되어 농사를 짓기 시작했습니다. 그런데 이게 웬일입니까? 바닷가의 짠물에서는 곡식의 싹조차도 제대로 틔울 수가 없었습니다. 크게 실망한 백성들은 굶주림에 지쳐서 뿔뿔이 흩어지고 말았습니다. 그러자 비류도 어쩔 수 없이 위례성의 아우 온조에게로 돌아갔습니다.

온조는 풍성한 가을걷이에 한창이었습니다. 그런 모습을 바라본 비류는 몹시 부끄러웠습니다.

'형이 되어 가지고 동생을 볼 면목이 없구나.'

그 뒤, 비류는 시름시름 앓다가 그만 죽고 말았습니다.

이 이야기는 백제를 세웠다고 하는 비류와 온조에 대한 설화야. 그 가운데 온조를 중심으로 본 이야기라고 할 수 있지. 기록을 보면 형인 비류가 온조와 어머니를 데리고 미추홀에서 백제를 세웠다고도 하고, 온조가 위례성에서 백제를 세웠다고도 전하고 있어.
과연 어느 쪽이 맞는 걸까? 비류와 온조가 정말 한 형제이기는 했던 걸까?

궁금한 우리 역사 찾기

비류와 온조 두 세력이
뭉친 나라, 백제

백제는 삼국 가운데 가장 기록이 적은 나라입니다. 그래서 그 역사를 정확하게 알아내기가 무척 힘이 들지요. 백제의 건국에 관한 의문도 그 가운데 하나입니다.

현재 전하는 역사책에는 형 비류가 백제를 세웠다고도 하고, 동생 온조가 세웠다고도 합니다. 이처럼 백제는 그 건국부터 많은 의문을 갖게 하는 나라입니다. 그런데 정말 백제는 누가 세운 나라일까요?

비류가 나라를 세웠다는 이야기와 온조가 나라를 세웠다는 이야기에는 공통점도 있습니다. 두 형제가 고구려에서 나와 남쪽으로 내려 온 점, 고구려를 떠나게 된 이유가 유리에게 왕위를 빼앗겼다는 점 그리고 지금의 서울과 인천에서 각각 나라를 세웠다는 점입니다. 하지만 가장 중요한 부분, 즉 누가 백제를 세웠는가 하는 문제에서는 각기 다른 결론을 내리고 있습니다.

물론 비류와 온조, 두 설화는 백제를 세운 당시에 기록된 것이 아닙니다.

몇백 년 동안 입에서 입으로 전해진 것에 바탕을 둔 이야기를 기록한 것입니다. 그렇다면 잘못 전해진 부분도 있을 테고 또, 경우에 따라 고쳐진 부분도 있을 것입니다. 하지만 분명한 것은 백제의 지배층이 고구려로부터 내려왔다는 사실입니다.

22 한국사를 부탁해

굽접시 백제 시대 왕이나 지배층이 사용하던 그릇이다. (몽촌 토성 출토)

몽촌 토성 백제 초기의 토성으로 백제 최초의 왕궁으로 추측되고 있다. 서울 송파구 방이동.

고구려 건국 설화를 보면 주몽이 졸본 지방에 도착했을 때 이미 그 부근에 비류국이 있었다는 것을 알 수 있습니다. 그렇다면 백제를 세웠다고 하는 비류라는 이름과 비류국이라는 나라 이름이 우연히 일치했다고는 볼 수 없겠지요? 이렇게 보면 백제도 고구려와 마찬가지로 비류 집단이 먼저 자리를 잡고 있었고 나중에 온조 집단이 내려왔을 가능성을 생각해 볼 수 있습니다.

그렇다면 왜 비류와 온조를 형제로 기록했을까요?

나라를 세운 사람을 형제로 나타내는 '시조 건국 설화'는 보통 두 세력이 연맹을 맺었을 때 만들어집니다. 백제의 경우에도 비류와 온조가 실제로 형제였다기보다는 위례성의 온조 세력과 미추홀의 비류 세력이 연맹 관계를 맺게 되자 그것을 합리화하기 위해 만들어진 것이라고 볼 수 있습니다. 또, 두 집단의 결속력을 강화하기 위해 시조를 형제로 표현했다고도 볼 수 있을 것입니다.

그런데 우리가 두 가지 설화에서 알 수 있는 점은 연맹을 맺을 당시 비류 집단이 더 우세했을 거라는 것입니다. 두 설화 모두 형이 비류, 동생이 온조로 나오고 있거든요. 그러다가 비류를 따르던 무리들이 흩어져서 온조에게로 갔거나 혹은 언제부터인가 온조 집단이 더 강해졌을지도 모릅니다. 이처럼 백제의 건국 설화에는 여러 가지 사실이 숨겨져 있습니다.

23

초등학생이 가장 궁금해 하는 우리 역사 베스트

수로왕의 왕비는
정말 인도의 공주였나요?

아주 오랜 옛날 낙동강 부근에는 아홉 명의 추장이 백성을 다스리며 살았습니다.

아홉 추장의 이름은 아도간, 여도간, 유천간 등이었는데 이를 9간이라고 했습니다.

하루는 9간이 한데 모여 즐겁게 얘기를 나누고 있었습니다. 그런데 갑자기 한 사람이 외쳤습니다.

"무슨 소리가 들리지 않소?"

모두들 소리가 들리는 구지봉 쪽으로 귀를 기울였습니다. 과연 구지봉에서 어떤 소리가 들려 왔습니다. 9간은 황급히 그곳으로 올라갔지만 사람은 보이지 않고 말소리만 또렷하게 들려왔습니다.

"하늘이 내게 이곳에다 나라를 세워 왕이 되라 하셨다. 너희들은 흙을 파면서 '거북아 거북아 머리를 내어라. 내밀지 않으면 구워 먹겠다'하고 노래를 부르며 춤을 추어라. 그렇게 하면 곧 임금님을 맞이할 수 있을 것이다."

9간과 사람들이 시키는 대로 하자, 하늘에서 자주색 줄이 내려와 땅에 닿았습니다. 거기에는 붉은 색 보자기에 황금 상자가 싸여 있었는데 상자 안에는 황금빛 알 6개가 들어 있었습니다. 9간이 얼른 절을 하고 상자를 아도간의 집으로 가져갔습니다.

그로부터 12일 만에 상자를 열어 보니 6개의 알이 모두 어린아이로 변해 있었습니다. 알에서 나온 아이들은 하루가 다르게 무럭무럭 자랐는데, 그중에서도 유독 한 아이의 모습은 용을 닮았고 눈썹은 여러 가지 색으로 빛이 났습니다. 그래서 사람들은 그 아이를 왕으로 모시고 이름을 '수로'라고 지었습니다. 그리고 나라 이름을 가야국이라고 불렀습니다.

그러던 어느 날, 수로왕은 유천간을 망산도로 보냈습니다.

"그대는 망산도(경상 남도 김해 부근 섬)에 가서 기다리고 있다가 어떤 여인이 나타나면 이리로 모셔 오도록 하오."

유천간이 망산도에 들어가 바다를 바라보니 서쪽에서 붉은 돛을 단 배가 오는 것이 보였습니다. 유천간은 곧 그들 일행을 궁궐로 데리고 갔습니다.

수로왕을 본 여인은 조용히 말했습니다.

"저는 인도 아유타국의 공주입니다. 성은 허, 이름은 황옥이며 나이는 16세입니다."

수로왕은 허황옥과 결혼식을 올리고 함께 나라를 다스렸습니다.

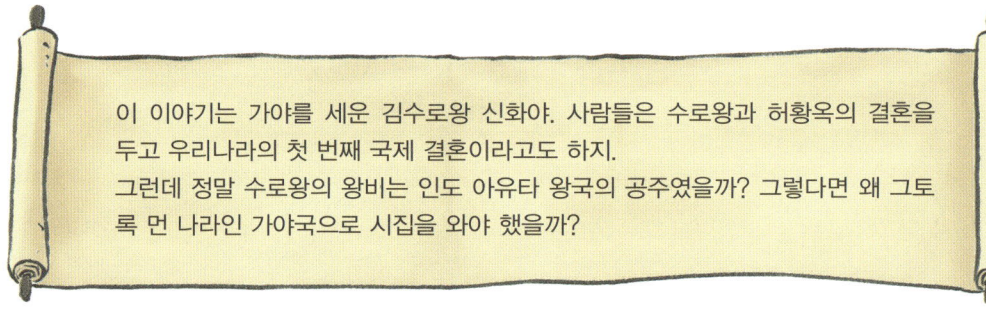

이 이야기는 가야를 세운 김수로왕 신화야. 사람들은 수로왕과 허황옥의 결혼을 두고 우리나라의 첫 번째 국제 결혼이라고도 하지.
그런데 정말 수로왕의 왕비는 인도 아유타 왕국의 공주였을까? 그렇다면 왜 그토록 먼 나라인 가야국으로 시집을 와야 했을까?

궁금한 우리 역사 찾기

인도와 바닷길로 교류했던 가야

그동안 가야는 다른 나라들에 비해 주목을 덜 받아왔습니다. 그러나 수많은 가야 유적들이 발굴되고 조사되면서 가야에 대한 관심은 높아졌습니다. 얼마 전엔 신문과 방송에서 가야 문화에 대한 특집을 내놓기도 했지요. 그런데 가야에 대한 문제는 쉽게 풀리지 않고 있습니다. 가야에 관한 자료가 많지 않기 때문이지요.

우리가 〈삼국유사〉에 실린 가야의 건국 신화를 통해 알 수 있는 것은 가야를 세운 임금이 수로왕이었고 또, 그의 부인이 인도에서 온 허황옥이라는 것입니다. 이 가운데 특히 우리의 관심을 끄는 것은 수로왕의 부인이 정말 인도에서 왔느냐는 것이지요. 그게 사실이라면 왜 허황옥은 멀고 먼 가야국까지 시집을 와야 했을까요?

가야의 건국 신화를 보는 시각은 다양하지만 그 가운데 한 가지 주장으로 질문에 답해 보도록 하지요.

수로왕이 인도 공주인 허왕옥과 결혼했다는 기록은 당시 가야와 인도 사이에 왕래가 있었음을 말해 줍니다.

이 주장을 뒷받침하는 증거로는 수로왕릉에서 볼 수 있는 물고기 문양을 들 수 있습니다. 가야는 나라를 상징하는 무늬로 두 마리 물고기가 입을 마주한 문양을 만들어 썼습니다. 그런데 그 물고기 문양은 인도 지방에서 각종 장식에 흔히 사용하는 것입니다.

또 다른 하나는 가야라는 나라 이름에 있습니다. 가야 혹은 가락은 고대 인도의 언어인 드라비다 어로 물고기라는 뜻입니다. 그래서인지 가야는 인도에서 건너온 사람들이 세운 나라일 거라는 주장이 있습니다. 수로왕이 이끄는 집단이 먼저 한반도로 옮겨왔고 그 뒤를 이어 허황옥이 왔다고 추측하는 것입니다.

하지만 이 주장대로라면 가야의 뿌리는 인도의 한 왕국이 됩니다. 그렇다고 실망할 필요는 없습니다. 이건 어디까지나 하나의 추측에 불과한 것이니까요.

지금 당장 허 왕비가 인도 사람이었느냐 아니냐에 대한 물음에 답할 수는 없습니다.

확실한 것은 아유타국이 실제로 인도의 한 왕국이었고, 가야와 인도는 서로 왕래를 하던 사이였다는 것입니다.

수로왕릉 정문에 새겨진 물고기와 태양 무늬(위)
인도에서 널리 사용되는 물고기 무늬와 태양 무늬(아래)

구지봉 표지석 하늘에서 황금알이 내려와 수로왕이 탄생했다는 것을 기념하는 비.

수로왕의 왕비 허황옥의 묘 경상남도 김해시 서상동.

초등학생이 가장 궁금해 하는 우리 역사 베스트

고구려, 백제, 신라 사람들은
서로 말이 통했나요?

 백제의 서울 남쪽에 커다란 연못이 있었습니다. 그 연못 근처에는 서동이라는 청년이 홀어머니를 모시고 살고 있었습니다. 서동은 매일 산을 돌아다니며 마를 캐다가 팔아서 생계를 이어갔습니다.

 하루는 서동이 마를 캐어 내려오는 길에 이웃 나라인 신라 진평왕의 셋째 딸인 선화 공주가 매우 아름답다는 얘기를 들었습니다.

 '공주가 얼마나 아름다우면 이곳 백제까지 소문이 났을까?'

 그날부터 서동의 머리 속에서는 선화 공주에 대한 생각이 떠나질 않았습니다.

'그래, 사내 대장부가 속만 끓이고 있다는 건 창피한 일이지. 직접 선화 공주를 만나러 가야겠다.'

 서동은 머리를 깎고 신라 승려의 옷으로 갈아 입은 뒤 신라의 수도 서라벌(지금의 경주)로 들어갔습니다. 그러고는 아이들에게 가지고 간 마를 하나씩 나누어 주면서 노래를 부르게 했습니다.

 "선화 공주님은 남몰래 사랑하는 사람이 있다네. 밤이면 몰래 나와 서동의 방으로 들어간다네."

아이들은 맛있는 마를 얻어먹기 위해 그 노래가 무슨 뜻인지도 모르고 따라 불렀습니다. 그렇게 하자 오래지 않아 서라벌 아이들은 모여서 놀 때에도 이 노래를 부르게 되었습니다. 그러자 궁궐에까지 이 사실이 알려졌습니다.

"요즘 아이들이 선화 공주님이 서동이라는 청년을 사랑한다는 내용의 노래를 부른다고 하옵니다."

"아뢰옵기 황공하오나 공주를 귀양 보내야만 소문이 잠잠해질 것이옵니다."

신하들의 한결같은 성화에 결국 진평왕은 공주를 귀양 보내기로 했습니다.

영문을 모르던 선화 공주는 서럽게 울면서 귀양길에 올랐습니다.

그런데 서라벌을 막 벗어나 어느 깊은 숲속에 이르렀을 때였습니다.

"선화 공주님은 남몰래 사랑하는 사람이 있다네……."

가까이서 이런 노래가 들리더니 한 남자가 불쑥 나타났습니다.

"공주님, 놀라실 것 없습니다. 제가 바로 서동입니다."

그러자 선화 공주는 눈물을 글썽이면서 이유를 물어보았습니다. 서동은 공주와 결혼하기 위해 이런 일을 꾸몄다며 사실을 고백했습니다.

모든 것을 알게 된 공주는 오히려 서동의 용기 있는 행동이 마음에 들었습니다.

그래서 서동을 따라 백제로 가서 그의 아내가 되었습니다.

노래 하나로 한 나라의 공주를 얻다니, 서동의 용기와 지혜가 놀랍지 않아? 이런 용기와 지혜 때문일까. 서동은 선화 공주를 얻은 몇 년 뒤, 백제 30대 왕인 무왕이 되었어.

그런데 지금 우리에겐 서동과 선화 공주의 사랑 얘기보다 더 중요한 문제가 있어. 바로 서동은 백제 사람이었고 선화 공주는 신라 사람이었다는 사실이야.

이야기에서 보면 신라 아이들은 서동이 지은 노래를 알아듣고 따라 불렀어. 그런 걸 보면 신라와 백제는 같은 언어를 사용했을 것 같기도 해. 그러면 고구려는 어땠을까?

궁금한 우리 역사 찾기

고구려, 백제, 신라의
말은 서로 같거나 비슷

세계 여러 나라가 사용하는 언어는 아주 다양합니다. 그래서 다른 나라 사람들과 얘기를 하려면 보통 통역이 필요합니다. 세계의 모든 언어를 다 알고 있는 사람은 없으니까요.

오랜 옛날에도 나라마다 언어가 달랐습니다. 또, 같은 나라 안에서도 지역에 따라 조금씩 다른 언어를 사용하기도 했습니다. 그렇다면 고구려, 백제, 신라는 어땠을까요?

결론부터 말하자면, 삼국 시대에는 세 나라가 거의 같은 언어를 사용했습니다. 다만 계층에 따라 사용하는 언어가 조금씩 다르기도 했고 같은 단어를 다르게 발음하는 경우도 있었습니다.

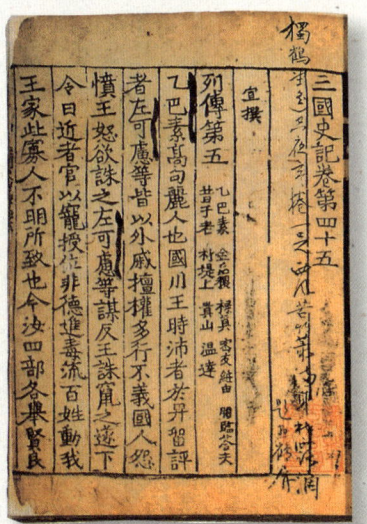

삼국사기 삼국사기 지리지의 고구려 지명 표기를 연구한 학자들에 의하면 고구려와 신라의 말은 서로 같거나 비슷했다고 한다.

먼저 고구려와 백제의 지배층 언어가 같았습니다.

이 사실은 〈삼국사기〉나 〈삼국유사〉를 보면 알 수 있습니다.

〈삼국사기〉 고구려 장수왕 편에 보면 고구려의 첩자인 승려 도림이 백제로 잠입한 일이 기록되어 있습니다.

그 내용은 이렇습니다.

'도림은 고구려에서 죄를 짓고 도망쳐 온 것처럼 위장하고 백제로 잠입했다.'

만일 고구려와 백제가 서로 사용하는 언어가 달랐다면 도림이 백제로 잠입하기 전에 백제어를 익혀야 했겠지요? 하지만 기록에는 그런 내용이 전혀 보이지 않습니다.

30 한국사를 부탁해

 다음으로 백제 하층민의 언어와 신라의 언어가 같았습니다. 이것은 앞의 이야기를 보면 잘 알 수 있습니다.

 백제의 청년 서동은 신라 아이들에게 노래를 가르쳐서 부르게 했습니다. 이것을 보면 두 나라의 언어가 같았다고 짐작할 수 있습니다.

 그러나 고구려와 신라 사이에는 사람들의 왕래가 거의 없었습니다. 고구려와 백제, 신라와 백제 사이의 왕래가 활발했던 것과는 비교가 되지요. 그래서 사용하는 단어에 약간의 차이를 보입니다. '산'을 말할 때 신라와 백제에서는 '모리', 고구려에서는 '달'이라고 발음했습니다.

 하지만 이런 차이는 지금 우리 나라 안에서 사용되는 각 지방의 사투리나 혹은 남한과 북한에서 쓰고 있는 단어의 차이 정도였습니다. 그래서 신라가 삼국을 통일한 뒤에도 언어 때문에 빚는 마찰은 없었던 것입니다.

초등학생이 가장 궁금해 하는 우리 역사 베스트

옛날 사람들은 형이 죽으면
형수를 아내로 삼았다면서요?

어느 깊은 밤, 고국천왕이 조용히 숨을 거두었습니다. 그런데 그의 부인 우 왕비는 무슨 생각을 했는지 고국천왕의 죽음을 대신들에게 알리지 않았습니다. 그리고 몰래 궁궐을 나와서 어디론가 급하게 발걸음을 옮겼습니다. 한참만에 왕비 우씨가 도착한 곳은 고국천왕의 바로 아래 동생인 발기의 집이었습니다.

"이 밤에 무슨 일로 오셨습니까?"

발기는 우 왕비가 찾아온 것이 반갑지 않은 듯 다그쳐 물었습니다.

"아시다시피 형님에게는 자식이 없습니다. 그러니 당신이 왕위를 계승하는 게 어떻겠소?"

우 왕비는 발기의 표정을 살피면서 조심스럽게 물어보았습니다. 그러자 발기는 화를 내며 우 왕비를 나무랐습니다.

"모든 운수는 하늘이 정하는 것이니 우리가 가볍게 의논할 일이 아니오. 그 보다도 아녀자가 한밤중에 나돌아다니는 것이 보기에 좋지 않소. 어서 돌아가시오."

발기가 핀잔을 주자 우 왕비는 부끄럽기도 하고 속으로는 괘씸한 생각도 들었습니다. 하지만 우 왕비는 곧바로 발기의 아래 동생인 연우를 찾아갔습니다.

32   한국사를 부탁해

연우는 우 왕비를 아주 반갑게 맞이하며 방으로 안내했습니다.

"형수님, 이 밤에 무슨 일로 여기까지 오셨습니까?"

우 왕비는 발기에게 했던 것처럼 똑같이 연우에게 물어보았습니다. 그러자 연우는 그 뜻을 알아차리고 우 왕비의 제안을 받아들였습니다.

궁궐로 돌아온 우 왕비는 고국천왕이 남긴 유서를 조작하여 둘째 동생 연우가 왕위에 오르도록 도와 주었습니다.

결국 연우는 형수 우씨와 결혼하여 고구려 제10대 왕인 산상왕이 되었습니다.

그로부터 몇 년이 흘러 우 왕비는 죽음을 눈앞에 두고 유언을 남겼습니다.

"내가 죽거든 반드시 산상왕 곁에다 묻어 주시오."

우 왕비가 이런 유언을 남기고 숨을 거두자 고구려 신하들은 며칠 동안 골머리를 앓았습니다.

"남편이 죽어 다시 그 동생에게 시집을 가더라도 죽은 후에는 전남편 곁에 묻히는 것이 전통입니다."

"그렇다고 왕비의 마지막 유언을 무시한다는 것은 예의가 아니잖소?"

결국 신하들은 우 왕비를 산상왕 곁에다 묻었습니다. 그러고는 고국천왕의 무덤 앞에 일곱 겹으로 소나무를 심었습니다. 고국천왕의 무덤에서 우 왕비의 무덤이 보이지 않도록 하기 위해서였습니다.

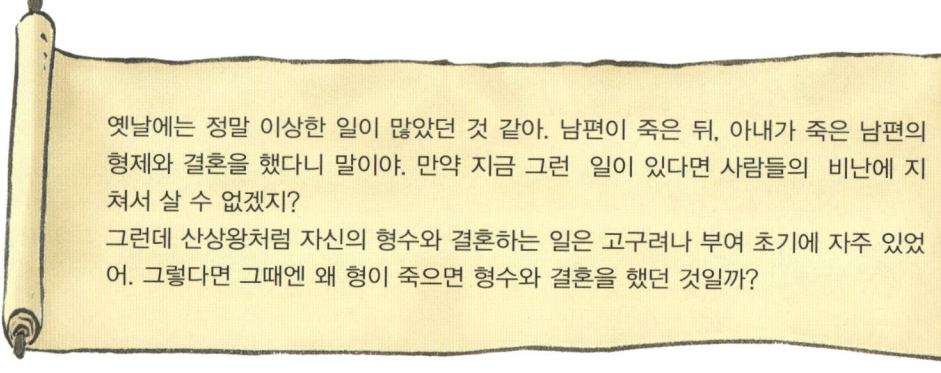

옛날에는 정말 이상한 일이 많았던 것 같아. 남편이 죽은 뒤, 아내가 죽은 남편의 형제와 결혼을 했다니 말이야. 만약 지금 그런 일이 있다면 사람들의 비난에 지쳐서 살 수 없겠지?

그런데 산상왕처럼 자신의 형수와 결혼하는 일은 고구려나 부여 초기에 자주 있었어. 그렇다면 그때엔 왜 형이 죽으면 형수와 결혼을 했던 것일까?

궁금한 우리 역사 찾기

형사취수제는 친족의 재산을 지키기 위한 풍습

고구려나 부여에는 형이 죽으면 동생이 형수와 결혼하는 풍습이 있었습니다. 이것을 '취수혼' 또는 '형사취수제'라고 합니다.

그런데 이런 풍속은 주로 유목 민족에게서 찾아볼 수 있습니다. 유목 생활은 사람들이 가축을 몰고 물과 풀을 찾아 이동하는 생활입니다. 고구려와 부여는 우리나라 북쪽에 위치해 있었습니다. 그래서 형사취수제 같은 유목 민족의 풍습이 남아 있었던 것입니다.

이러한 풍습은 다른 이유에서도 찾아볼 수 있습니다.

고대 국가는 친족 집단에서 출발했습니다. 친족 집단에서는 모든 일이 집단의 이익에 중심을 두고 이루어졌습니다. 물론 결혼도 예외가 아니었지요.

고구려의 결혼 풍습을 잠깐 살펴 볼까요?

서로 다른 두 집단이 결혼을 결정하면 일단 신부 쪽에서는 서옥이라는 사위의 집을 지어 놓고 기다립니다. 드디어 결혼식을 하면 신랑은 신부 부모의 허락을 얻어 서옥에 들어가서 첫날밤을 지냅니다. 그리고 부부는 그곳에서 살면서 아이를 낳고 기르다가 아이가 다 자란 후에야 남편의 집으로 돌아갈 수 있었습니다. 이런 풍습을 가리켜 데릴사위제라고 합니다.

그런데 특이한 점은 신랑의 부모들이 서

옥 안에 신부값으로 미리 돈을 갖다 둔다는 것입니다.

노동력이 가장 중요한 재산이었던 당시에는 아이를 낳아 기르는 일이나 여자가 결혼하여 다른 집으로 가는 일 모두 집단의 이익과 깊은 관련이 있었습니다. 그런데 만일 남편이 죽은 뒤 아내가 남은 재산을 가지고 아이들과 함께 친정으로 돌아가거나 다른 남자에게 다시 시집을 간다고 생각해 보세요. 그렇게 되면 남자 집안은 졸지에 재산도 잃고 노동력도 잃게 되지 않겠어요? 이것은 곧 남자가 속한 집단의 재산과 노동력에도 많은 손실을 가져옵니다. 바로 이런 문제, 즉 어느 한 집단이 재산과 노동력을 잃는 것을 방지하기 위해 생겨난 것이 취수혼입니다.

그런데 이런 풍속은 왕위 계승과 같은 큰 일에도 많은 영향을 미쳤습니다.

아래 도표를 잘 살펴 보세요.

왕위의 대부분이 형제 상속되고 있다는 것을 알 수 있지요?

이같은 형제 상속은 왕권이 약해지는 결과를 가져왔습니다. 항상 동생들이 왕의 자리를 넘보았을 테니까요. 실제로 고구려의 제6대 태조왕은 동생 차대왕이 항상 왕위를 넘보는 것에 시달리다가 죽기도 전에 왕위를 물려주고 말았답니다. 그래서 형사취수제나 형제 상속은 고구려가 점차 고대 국가로 자리를 잡아가면서 사라지게 되었습니다.

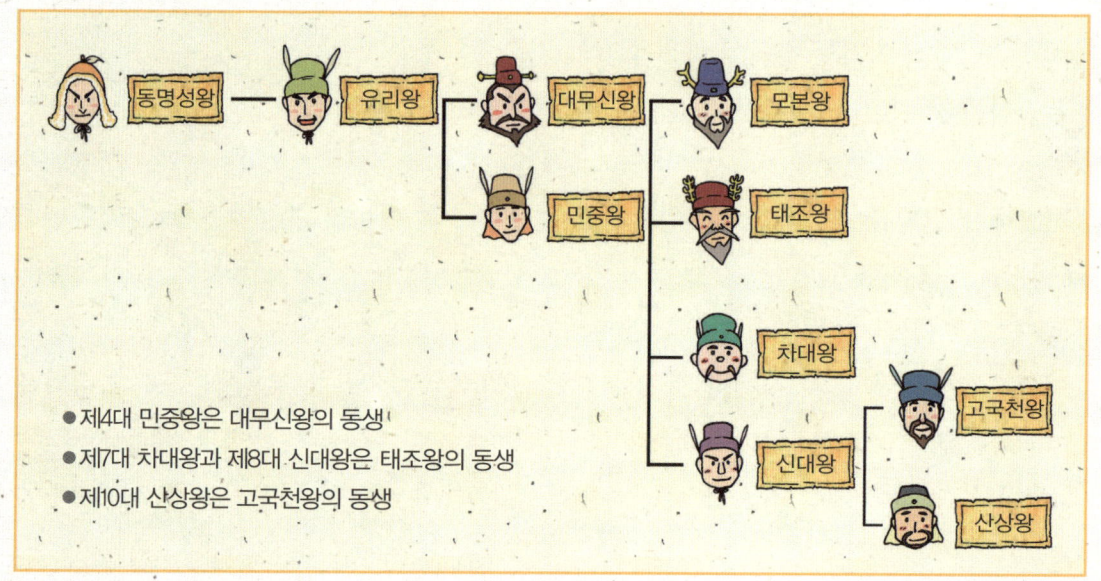

- 제4대 민중왕은 대무신왕의 동생
- 제7대 차대왕과 제8대 신대왕은 태조왕의 동생
- 제10대 산상왕은 고국천왕의 동생

초등학생이 가장 궁금해 하는 우리 역사 베스트

가야가 존재했던 사국 시대를
왜 삼국 시대라고 하나요?

가야를 세운 수로왕은 차차 나라의 모양새를 갖추어 나가고 있었습니다. 그럴 즈음, 수로왕의 세력에 도전장을 낸 사람이 있었습니다. 바로 완하국(지금의 제주도로 추측됨)의 왕자 석탈해였습니다.

석탈해는 바다를 건너 가야에 도착한 뒤 수로왕을 찾아 궁궐로 갔습니다.

"그대가 수로왕이오? 나 석탈해가 당신의 왕위를 가지러 왔소!"

수로왕은 석탈해의 난데없는 도전을 기꺼이 받아들였습니다.

"내가 이 나라의 왕이 된 것은 하늘의 뜻이었다. 그러니 어찌 내가 하늘의 명을 어기고 우리 백성을 너에게 맡길 수 있겠느냐?"

수로왕이 도전을 받아들이자 석탈해는 도술 솜씨로 겨루어 보자고 제안했습니다.

"좋소, 당연히 이기는 사람이 왕위를 갖는 거요."

궁궐 밖으로 나간 두 사람은 둔갑술로 대결을 벌였습니다.

"얍!"

석탈해가 먼저 기합을 넣더니 매로 변했습니다. 그러자 수로왕은 얼른 독수리로 변하여 석탈해를 공격했습니다.

'이크, 실수다!'

당황한 석탈해는 다시 참새로 변했습니다. 그러자 수로왕은 매로 몸을 바꾸어 석탈해를 더욱 거세게 위협했습니다.

수로왕의 공격이 계속되자 더 이상 대항할 수 없다고 생각한 석탈해는 수로왕에게 항복했습니다.

"대왕의 신비한 둔갑술을 도저히 감당
하지 못하겠습니다. 다만……."

"다만? 무엇이오?"

"대왕께서 저를 공격하면서
도 죽이지 않으시니 대왕처
럼 어진 분의 왕위를 감히
넘볼 수 없다는 것을 깨달았
습니다. 이에 다른 곳으로 멀
리 떠나고자 하오니 부디 허락
하여 주십시오."

석탈해는 공손하게 부탁했습니다.

"하하하, 그대가 잘못을 깨달았다니 보내 줄 수밖에. 자, 어서 떠나시오."

석탈해는 즉시 타고 왔던 배로 가야를 떠났습니다. 그러나 수로왕은 석탈해가 가야 어
딘가에 몰래 숨어 있다가 난이라도 일으킬까 봐 걱정이 되었습니다.

그래서 군사를 풀어 석탈해를 쫓도록 했습니다. 그러자 석탈해는 뒤도 돌아보지 않고
계림(지금의 경상 북도 경주)으로 달아나 버렸습니다.

수로왕은 가락국의 왕이 되어 차츰 국가를 발전시켜 나가고 있었어. 석탈해 같은 주
변 세력의 도전을 물리치면서 말이야. 그 덕분에 고구려, 백제, 신라와 함께 한반도
에서 그 세력을 과시할 수 있었지. 그러나 우리는 고구려, 백제, 신라, 가야가 함께
존재했던 때를 '사국 시대'라고 하지 않아. 분명히 네 나라가 존재해 있었는데도 말
이야. 무슨 이유일까?

37

궁금한 우리 역사 찾기

작은 나라들이 하나로
뭉칠 수 없었기 때문에 사라진 가야

우리는 종종 가야를 두고 '수수께끼의 고대 왕국'이라고 말합니다. 아마도 가야인 스스로가 남긴 역사 기록이 전해지지 않고 있기 때문일 것입니다. 물론 〈일본서기〉에 가야와 관련된 많은 기록이 남아 있긴 하지만 그건 너무 심하게 왜곡되어 있어서 믿을 수가 없습니다. 그럼에도 불구하고 가야에 대한 연구는 꾸준히 계속되었습니다. 덕분에 가야가 삼국에 뒤지지 않는 문화를 가진 국가였으며, 일찍부터 무역을 통해 외국 문물을 받아들이기도 했다는 사실이 밝혀졌습니다. 그런데도 가야를 삼국과 같은 위치에서 평가하지 않는 이유는 무엇일까요?

가야는 낙동강 유역에 흩어져 있던 작은 국가(소국)들로부터 출발했습니다.

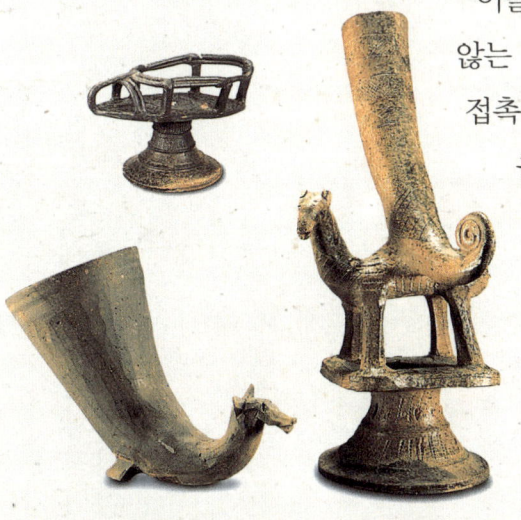

가야 토기 짚신 모양과 뿔잔. 부산 복천동에서 출토되었다.

이들 소국은 주변에 있는 다른 소국의 간섭을 받지 않는 독립적인 정치 체제였다가 차츰 무역을 하는 등 접촉하기 시작했습니다. 이 과정에서 힘으로 상대를 지배하거나 지배당하는 일이 생기고 서로 연맹을 맺기도 했습니다. 그렇지만 이들 연맹체는 각각 금관가야, 대가야 등의 명칭을 따로 사용했습니다. 겉으로 보기에는 하나의 가야 연맹체였지만 각기 독립적인 세력을 키워나가고 있었던 것입니다.

신라가 급속히 성장하여 낙동강 유역으로 세력을 뻗치자 가야 연맹체는 흔들리기 시작했습

38 한국사를 부탁해

니다. 그러다가 결국 김해 지역을 중심(금관 가야)으로 한 가야 연맹체는 해체되었습니다.

하지만 흩어진 소국들은 다시 고령을 중심(대가야)으로 가야 연맹체를 형성했습니다. 이를 '후기 가야 연맹'이라고 합니다.

그러다가 가야는 백제와 힘을 합쳐 신라를 공격했는데 패배하고 말았습니다. 금관 가야에 이어 대가야가 신라에 항복함으로써 가야는 신라의 역사 속으로 사라졌습니다.

우리가 여기서 주목해야 할 것은 가야 연맹체의 형태가 멸망할 때까지 계속되었다는 점입니다. 즉, 각각의 소국들이 하나의 강력한 국가를 형성하지 못한 채 각기 독립적인 세력을 유지해 왔다는 것입니다.

가야의 갑옷과 투구 경북 고령군 지산동 고분에서 출토되었다.

그러나 고구려, 백제, 신라는 달랐습니다. 그들도 물론 처음에는 소국 연맹체를 형성했지만 마침내 중앙 집권적인 국가로 발전하는 데 성공했습니다.

가장 강력한 소국이 주변의 소국을 통일한 뒤 직접적인 통치를 실시했던 것입니다. 다른 소국들의 독립성을 인정했던 가야 연맹체의 간접 통치에 비해 직접 통치는 보다 강력하고 효과적인 정치를 펼칠 수 있었습니다.

삼국은 직접 통치를 위해 왕권을 강화하고 각종 제도를 정비했으며 직접 지방에 관리를 보내기도 했습니다. 이처럼 삼국은 소국 연맹체를 벗어나 넓은 영토를 직접 다스리는 중앙 집권 통치 체제를 갖추는 데 성공했던 것입니다.

그러나 가야는 금관 가야에서 대가야로 주도 세력만 바뀌었을 뿐, 멸망할 때까지 연맹 형태에서 벗어나지 못했습니다.

가야가 고구려, 백제, 신라와 다르게 평가 받는 이유는 바로 중앙 집권 체제를 형성하지 못했기 때문입니다. 이것이 가야가 삼국에 들지 못한 이유 아니, 그 시기를 사국 시대라고 부르지 않는 이유입니다.

초등학생이 가장 궁금해 하는 우리 역사 베스트

죽은 사람을 위해
산 사람을 함께 묻었다면서요?

부여의 한 마을에서 있었던 일입니다.

높은 관직에 있던 어느 귀족이 며칠째 자리에 누워 일어나질 못하고 있었습니다. 사냥을 나갔다가 다친 이후로는 무슨 이유인지 밥도 제대로 먹지 못하고 그저 앓는 소리만 내면서 누워 있을 따름이었습니다. 전국에서 용하다는 의원은 죄다 한 번씩 다녀갔지만 돌아갈 때는 하나같이 고개를 가로저을 뿐이었습니다. 그래서 약도 못 써보고 그냥 죽을 날만 기다려야 했습니다.

어느 늦은 밤, 하녀가 뒤뜰에 나와서 무슨 주문 같은 것을 외우면서 사방에다 절을 했습니다. 그녀는 평소 귀족의 귀여움을 받았던 터라 밤마다 기도를 한다는 말은 금세 마을에 퍼졌습니다.

하루는 같은 나이의 하녀가 그녀에게 물었습니다.

"너 요즘 밤새 기도한다며? 속만 태우지 말고 도망을 가지 그래?"

"쉿! 누가 들을라. 영감님은 다시 일어날 것 같지 않고, 이제 난 어쩜 좋지……."

하녀는 눈물이 나서 더 이상 말을 잇지 못했습니다.

"아까 다녀간 의원이 하는 말을 들었는데, 영감님이 오늘 밤을 넘기기가 힘들 것 같대. 그러니 어서 결정을 내려."

그 말을 들은 하녀는 다리에 힘이 풀려서 걷기조차 힘들었습니다.

'아, 내일이면 나도 죽는구나. 내 나이 열두 살인데……. 동생은 어떻게 될까?'

하녀는 죽은 영감님과 함께 땅에 묻힐 생각을 하니 벌써부터 눈앞이 캄캄해졌습니다. 그렇다고 무슨 뾰족한 방법이 있는 것도 아니어서 막막한 마음에 한없이 눈물만 흘렸습

니다.

'그래, 어차피 죽어야 한다면 할 수 있는 건 해 보고 죽자. 내 동생까지 이대로 죽게 할 수는 없어.'

저녁 때가 다 되어 겨우 일어난 하녀는 뭔가를 결심한 듯 동생을 조용히 불렀습니다. 그러고는 동생의 손을 잡고 뒤도 돌아보지 않고 어디론가 내달렸습니다.

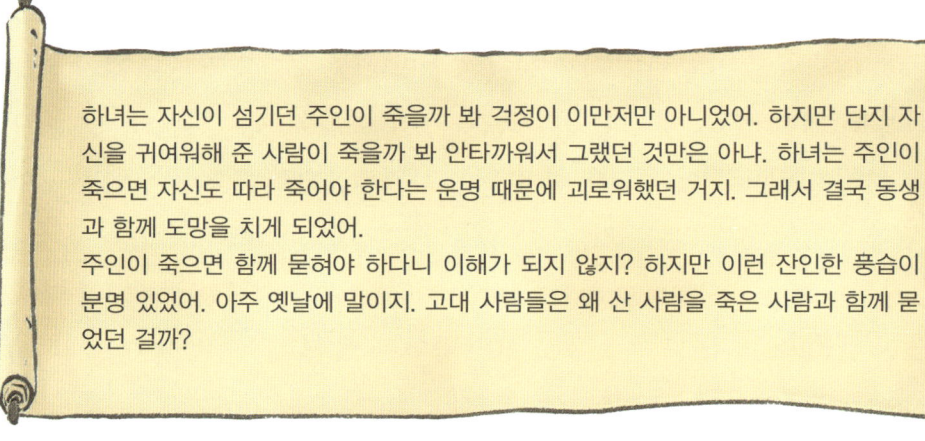

하녀는 자신이 섬기던 주인이 죽을까 봐 걱정이 이만저만 아니었어. 하지만 단지 자신을 귀여워해 준 사람이 죽을까 봐 안타까워서 그랬던 것만은 아냐. 하녀는 주인이 죽으면 자신도 따라 죽어야 한다는 운명 때문에 괴로워했던 거지. 그래서 결국 동생과 함께 도망을 치게 되었어.

주인이 죽으면 함께 묻혀야 하다니 이해가 되지 않지? 하지만 이런 잔인한 풍습이 분명 있었어. 아주 옛날에 말이지. 고대 사람들은 왜 산 사람을 죽은 사람과 함께 묻었던 걸까?

궁금한 우리 역사 찾기

죽어서도 살아 있을 때의 삶을 꿈꾸었던 풍습

죽은 사람을 위해 산 사람을 함께 무덤에 묻는 장례 풍습을 순장이라고 합니다. 순장에는 살아 있는 사람을 일부러 죽이거나 산 채로 묻는 경우가 있었습니다.

어떤 친구는 '산 사람을 묻는 잔인한 일이 정말 있었을까?'하고 아직까지 의심을 할지도 모르지만 순장을 한 무덤은 아주 많이 발견되었습니다. 기록을 보면 부여에서는 많은 경우 100명 단위로 순장을 하기도 했고, 신라에서는 왕이 죽으면 남녀 5명씩 순장하기도 했답니다.

또, 부부총이라고 불리는 양산의 한 무덤에서는 부부가 화려한 장신구를 한 채 나란히 누워 있고 이들의 발 밑에 3명이 초라한 모습으로 누워 있는 것이 발견되기도 했습니다.

그럼 왜 이렇게 산 사람을 죽은 사람과 함께 묻어야 했을까요?

그 이유는 당시 사람들이 갖고 있었던 죽음에 대한 생각에서 찾을 수 있습니다. 고대 사람들은 사람이 죽은 후에 언젠가는 다시 살아나거나 저승에 가서도 이승에서처럼 산다고 믿었습니다. 그래서 무덤을 살아 있을 때의 집처럼 꾸미기도 하고 죽은 뒤에도 풍족하게 살기 위해서 많은 물건을 함께 묻었던 것입니다. 무덤에서 나온 토기 속에는 종종 쌀, 생선뼈, 달걀 껍질, 돼지뼈 등이 발견되는데 이것은 죽은 사람의 식량으로 넣은 것들입니다. 심지어는 죽을 때 함께 묻기 위한 목적으로 물건을 만들어 한번도 쓰지 않은 채 무덤에 넣기도 했다고 합니다.

무덤의 주인이 이승에서처럼 편안한 생활을 하려면 그가 아끼던 모든 것을 넣었어야 했을 것입니다. 이런 이유에서 주인을 모시던 종이나 첩 그리고 주인을 보호하던 무사까지도 순장을 했던 것입니다.

42　한국사를 부탁해

황남대총 신라 최대의 무덤으로 남자 유골과 순장된 것으로 보이는 여자 유골 일부가 발견되었다.

토용 흙으로 만든 사람 인형으로 경주 용강동 신라 고분에서 출토되었다.

이렇듯 순장은 삶과 죽음이 하나라는 생각 또는, 죽어서도 살아서와 마찬가지로 부귀영화를 누리기를 바라는 마음에서 비롯된 것입니다.

그러나 순장은 강제로 행해졌을 게 분명합니다. 죽기를 바라는 인간은 아무도 없었을 테니까요.

다행히도 이런 잔인한 풍습인 순장은 사회가 발전하면서 점차 법으로 금지되었습니다. 아무리 노비라고 해도 인간을 존중해야 한다는 마음이 생겼고 또, 노동력을 중요하게 생각하게 된 것이지요. 하지만 죽은 다음의 세계에 대한 생각은 쉽게 변하지 않았습니다. 그래서 다른 방법이 생겨났습니다.

바로 사람 대신 흙으로 인형을 만들어 함께 묻는 방법입니다. 통일 신라 무덤인 경상북도 경주 황성동, 용강동 고분에서는 나이, 성별, 신분 등이 다양한 흙 인형이 발견되었습니다. 또 고구려에서는 무덤 안의 벽에다 주인공이 살았을 때의 모습과 그를 따르던 사람들의 모습을 그려 순장을 대신하기도 했습니다.

개인의 의지와는 아무런 상관없이 이루어졌던 순장은 사람들 사이에 지배하거나 지배받는 불평등한 관계가 있었음을 보여 줍니다. 반면에 순장이 차츰 사라지게 된 것은 사회가 그만큼 발전하고, 한 개인으로서의 지위가 향상되었음을 보여 주는 것입니다.

43

초등학생이 가장 궁금해 하는 우리 역사 베스트

바보 온달은
정말 바보였나요?

고구려 평원왕 때 온달이라는 사람이 있었습니다. 그는 어머니와 단 둘이 살았는데 집이 매우 가난해서 밥을 빌어다 먹을 정도였습니다. 그런데 온달은 누가 무슨 말을 하든 그저 웃고 마는 성격이어서 별명이 바보 온달이었습니다.

한편 평원왕에게는 울보 공주라고 불리는 딸이 있었습니다. 툭하면 울고 떼를 썼기 때문에 왕은 늘 장난삼아 똑같은 농담을 하곤 했습니다.

"평강은 울보여서 저 산 밑의 바보 온달에게나 시집을 보내야겠다."

어느덧 평강 공주의 나이가 열여섯이 되자 왕은 사윗감을 골랐습니다. 신하들은 고씨 청년을 추천했습니다. 고씨는 집안도 좋고 무예 실력도 뛰어난 미남 청년이었습니다. 하지만 평강 공주는 고씨 청년이 맘에 들지 않았습니다.

"아버님께선 늘 저에게 온달에게 시집보낸다고 하셨습니다. 그런데 갑자기 고씨에게 시집을 가라니요, 저는 받아들일 수 없습니다."

공주의 말을 들은 평원왕은 화가 났습니다.

"결혼은 절대 네 맘대로 할 수 없다. 만일 네가 내 뜻을 따르지 않겠다면 네가 가고 싶은 곳으로 가서 맘대로 살도록 해라."

고씨 청년과 결혼하기 싫었던 평강 공주는 고민 끝에 궁궐을 떠나기로 결심했습니다. 공주는 수수한 옷으로 갈아입고 값진 장신구 몇 개를 몸에 지니고 궁궐을 나왔습니다. 하지만 어디로 가야 할지 막막했습니다.

'어디로 가야 하지? 아, 그래 온달이라는 분을 찾아가자.'

문득 온달이란 이름을 떠올린 평강 공주는 그 길로 온달의 집을 찾아갔습니다.

공주는 산 아래서 한참을 기다려서야 나뭇짐을 지고 내려오는 온달을 만났습니다. 공주는 온달에게 대뜸 같이 살러 왔다고 말했습니다. 그러나 온달은 자신을 놀리지 말라며 그냥 집으로 들어가 버렸습니다.

온달님 힘내요.

할 수 없이 공주는 온달의 집 문 앞에서 밤을 세웠습니다. 날이 밝자 공주는 온달과 그 어머니에게 사정을 얘기했습니다. 공주의 말을 들은 온달은 마음이 흔들렸고 결국 공주와 결혼을 했습니다.

공주는 가지고 온 장신구를 팔아 땅도 사고 살림도 장만했습니다. 그리고 온달에게 틈틈이 공부를 가르쳤습니다. 또, 말 한 필을 사서 무예 연습에 힘쓰도록 했습니다.

몇 년이 흘러 봄이 되었습니다. 3월 3일은 온 나라의 축제인 사냥 대회가 열리는 날이었습니다. 온달은 그 대회에서 일등을 하여 임금님 앞으로 불려 갔습니다. 그런데 임금님은 그의 이름을 듣자 깜짝 놀랐습니다. 그 사람이 바로 바보로만 알고 있었던 온달이었으니까요.

평강 공주와 바보 온달 이야기는 참 재미있어.
그런데 혹시 이런 생각 해 봤니? '공주가 바보랑 정말 결혼을 했을까?'하고 말이야.
신분의 구별이 있었던 그 시대에 공주와 바보가 결혼한다는 것은 상식적으로 불가능한 일이었어. 그런데도 이런 이야기가 있다는 게 좀 의심스럽지 않니?

궁금한 우리 역사 찾기

온달의 출세는 선망과 시기의 대상

온달은 실재 인물일까?

〈삼국사기〉에 실린 온달 이야기를 보면 평강 공주와 결혼한 온달은 중국 북주의 침입 때 큰 공을 세워 왕의 사위로 인정받고 벼슬도 얻었습니다.

당시 고구려는 북쪽에서 북주, 북제, 수 등 많은 중국 오랑캐와 남쪽에서 한강 유역을 차지한 신라의 공격에 시달리고 있었습니다. 이러한 상황에서 온달과 같이 용맹스런 장수가 실제로 있었을 거라는 가능성은 충분히 있습니다.

과연 온달은 공주와 결혼했을까?

공주와 바보의 결혼은 요즘 같은 시대에도 큰 얘깃거리가 될 만한 일입니다. 그런데 과연 그런 일이 고구려 사회에서 있을 수 있었을까요?

이 물음에 대해서는 쉽게 결론 내릴 수가 없습니다. 신라와의 전쟁에서 전사한 온달이 실재 인물이었다면 그가 평원왕의 사위였다는 것도 틀린 말은 아닐 테니까요.

그러나 온달이 공주와 결혼한 것이 사실이라면 그가 가난하고 미천한 신분이었다고는 볼 수는 없습니다. 그렇다면 고씨 청년과 같은 명문 귀족 출신이

온달 산성 온달 장군의 전설이 전해 온다. 충북 단양군.

46 한국사를 부탁해

었을까요? 그렇지는 않았을 것입니다. 만일 온달이 명문 귀족 출신이었다면 온달 이야기는 만들어지지 않았을 것입니다. 명문 귀족과 공주의 결혼은 특별한 일이 아니었으니까요.

이야기 속에 숨어 있는 고구려 사회

우리는 앞에서 두 가지를 생각해 보았습니다. 온달은 실재 인물이었고, 평원왕의 사위였을 거라고 말이지요. 하지만 이것은 어디까지나 추측에 불과한 것입니다. 우리는 다만 온달 이야기에서 당시 사회의 모습을 찾아 낼 수 있을 뿐이지요. 예를 들어, 온달처럼 밥을 빌어먹을 정도로 가난했던 평민들, 무예를 익혀 전쟁에서 공을 세운 후 벼슬을 얻은 계층 등의 모습들을 말입니다.

온달 이야기의 배경은 6세기입니다. 그 무렵 삼국 사회는 농업과 아울러 상업도 발달하던 시기였는데 그 과정에서 돈을 많이 벌거나 땅을 많이 얻어서 부자가 된 계층도 생겼습니다. 하지만 그들은 부자가 된 것에만 만족하지 않았습니다. 신분이 구

별된 당시 사회에서는 어려운 일이었지만 정치적인 성장에도 욕심을 냈지요. 그래서 그들은 틈틈이 공부도 하고 열심히 무예를 닦아 기회를 기다렸습니다. 그러다가 온달처럼 대회나 전쟁에서 공을 세운 뒤 높지는 않지만 벼슬을 얻었을 것입니다. 온달이 왕의 사위가 되었다거나, 벼슬을 얻었다는 이야기는 바로 그러한 일이 일어났거나 그럴 만한 가능성이 있었음을 말해 주고 있습니다.

하지만 조상대대로 권력을 누려 온 귀족들이 그런 사람들을 좋게 봤을 리는 없습니다. 그래서 '얼레리 꼴레리, 바보와 울보의 결혼이래요'하는 식으로 그런 사람들을 빈정댔겠지요. 온달 이야기는 바로 이런 상황 속에서 만들어진 것으로 추측됩니다.

47

초등학생이 가장 궁금해 하는 우리 역사 베스트

을지문덕 장군이
고구려 사람이 아니라고요?

"수나라 군사들의 가장 큰 골칫거리는 어떻게 이곳까지 식량을 옮기고 추위를 이기느
냐 하는 것이다. 그러니 우리가 그들의 약점을 잘 이용한다면 이길 수 있다!"

을지문덕 장군은 전쟁으로 지친 고구려 군사들에게 용기를 북돋워 주었습니다. 하지
만 그는 수나라와의 전쟁에서 과연 이길 수 있을지 의심스러웠습니다.

'큰 일이야. 우리 고구려 사람을 전부 합친 것보다 훨씬 많은 수나라 군대를 어떻게 이
길 수 있단 말인가?'

을지문덕은 밤낮으로 전쟁에서 이길 수 있는 방법을 궁리했습니다. 그러다가 하루는
군사들을 모아 놓고 큰 소리로 외쳤습니다.

"지금부터 1차 작전을 말할 터이니 잘 듣도록 하시오. 먼저 성 밖에 있는 모든 식량을
성 안으로 옮기도록 하고, 우물은 돌로 메우시오. 그리고 남은 곡식이 있거든 모두 태
워 버리시오."

을지문덕 장군이 명령을 내리자 군사들
과 백성들은 힘을 합하여 작전에 따랐
습니다.

이윽고 수나라 군대가 밀물듯이
쳐들어와 성을 에워쌌습니다. 하지
만 고구려 군사들은 눈 하나 깜짝하
지 않았습니다.

몇 날 며칠 동안 성을 에워싸고 있던

수나라 병사들은 점점 지쳐 가고 있었습니다.

"고구려 땅에 가서 개죽음 당하지 말라는 말이 딱 맞는구먼."

"온 동네를 뒤져도 어떻게 쌀 한 톨도 보이질 않지? 이러다간 싸우기도 전에 굶어 죽거나 얼어 죽고 말 걸세."

배고픔과 추위에 지친 수나라 병사들은 약이 올랐습니다. 그래서 집이며 창고며 닥치는 대로 부수고 불을 질렀습니다.

한편, 성 안에서는 을지문덕 장군이 2차 작전 명령을 내리고 있었습니다.

"이제부터는 유인 작전이다. 수나라 군대가 더욱 피곤하게 하기 위해 일부러 져 주도록 하시오. 나는 사태를 보아 수나라 장수 우중문에게 우리의 작전을 알리겠소. 그때 우왕좌왕하며 후퇴하는 적군을 무찌르도록 합시다!"

고구려 군사들은 2차 작전을 시작했습니다. 수나라 군대에게 일부러 계속 패하며 적을 유인하였고, 그때 을지문덕 장군은 시 한 편을 지어서 우중문에게 보냈습니다. 그 시를 읽은 우중문은 그제야 속은 줄 알고 후퇴 명령을 내렸습니다.

하지만 이미 때는 늦었습니다.

"한 놈도 남기지 말고 수나라 병사의 목을 베라."

고구려 군사는 후퇴하는 수나라 병사들을 무찔러 크게 승리하였습니다.

이 싸움을 살수대첩이라고 합니다.

을지문덕 장군은 살수대첩에서의 승리로 역사에 길이 이름을 남기게 되었어. 하지만 유명한 이름에 비해 그에 대한 기록은 거의 없어. 살수대첩 이후의 기록조차도 말이야.
그래서일까, '을지문덕은 고구려 사람이 아니다'라는 주장이 있어. 을지문덕은 갑자기 나타났다가 바람처럼 사라진 영웅일까? 그리고 정말 그는 고구려 사람이 아니었을까?

궁금한 우리 역사 찾기

판자 이름 을지?
중국 성씨 울지?

수나라는 고구려 전체 인구보다 2배 가량 많은 군대를 이끌고 네 차례나 고구려를 공격했습니다. 그러나 고구려는 이러한 불리한 입장에도 전혀 굴하지 않고 수나라와의 전쟁에서 승리를 거두었습니다.

고구려가 수나라와의 싸움에서 승리할 수 있었던 힘은 과연 무엇일까요?

그것은 훌륭한 전술과 이를 잘 응용한 고구려 백성들의 용기 때문이었습니다.

고구려가 사용했던 전술로는 청야전술, 유인전, 기습전, 지구전 등이 있습니다. 특히, '청야 전술'은 러시아의 군사책에 나올 만큼 유명한 전술입니다. 앞의 이야기에 나오는 1차 작전이 바로 청야 전술입니다.

우리는 이런 전술을 가장 잘 구사했던 인물로 을지문덕을 꼽습니다. 그는 수나라의 2차 침입 때 살수에서 적을 물리친 장군으로 유명하지요. 그런데 어떤 학자가 '을지문덕은 고구려 사람이 아니다'라고 주장했습니다. 아마 이 글을 읽는 여러분도 '으응, 설마…….' 하고 놀랐을 테지요.

정말 을지문덕은 고구려 사람이 아닐까요?

을지문덕은 고구려 사람이 아니었다는 주장의 근거는 '을지문덕'이라는 이름에 있습니다. 중국의 역사책 중에 '을지문덕'을 '울지문덕'으로 기록한 것이 있는데, '울지'는 원래 중국 선비족의 성씨입니다. '울지'라는 성씨를 가진 이들은 수나라, 당나라 때 중국의 관리를 지

을지문덕 고구려 영양왕 때의 장군

50 한국사를 부탁해

살수대첩 612년, 고구려에 쳐들어 온 수나라군을 살수에서 쳐부수고 있는 을지문덕 장군과 고구려군(민족기록화)

냈습니다. 이것으로 보아 을지문덕은 선비족 출신으로 수나라가 중국을 통일할 무렵 고구려로 건너온 사람일 거라는 것입니다. 그러나 성씨만 가지고 을지문덕의 출생을 판단할 수 있을까요?

어떤 학자는 '을지'를 관직 이름으로 보기도 하고 또, '을'이 성씨이고 '지'는 높임말로써 을지문덕은 을파소와 같은 '을'씨 출신이라고도 합니다.

이처럼 '을지'는 성씨일 수도 있고 아닐 수도 있으며 또, 을지문덕은 중국 사람이었을지도 모릅니다. 더군다나 고구려가 여러 종족으로 구성되었다는 걸 생각해 보면 이 추측을 무시할 수도 없지요.

하지만 우리가 이런 여러 가지 추측에서 주목해야 할 것은 그의 성씨나 출신이 아닙니다. 왜냐하면 살수대첩에서 승리한 것은 을지문덕 혼자만의 힘으로 이루어 낸 것이 아니기 때문이지요. 고구려가 전쟁에서 사용한 많은 전술들은 백성의 힘이 있었기에 가능했던 것입니다. 그리고 그런 고구려 백성들 속에 분명 을지문덕도 있었습니다.

을지문덕이 중국 사람이든 아니든 그의 혈통은 중요한 것이 아닙니다. 그는 분명히 고구려 사람들과 함께 적군을 물리쳤고, 고구려 역사의 한 부분을 장식했으니까요.

51

초등학생이 가장 궁금해 하는 우리 역사 베스트

신라에만 여왕이 있었던
이유가 뭔가요?

632년, 진평왕의 맏딸 덕만 공주가 신라 제27대 왕이 되었습니다. 그가 바로 선덕 여왕입니다.

선덕 여왕은 나라를 다스리는 16년 동안 보통 사람은 상상도 할 수 없는 일을 미리 알아냈습니다. 그 가운데 모란꽃 이야기는 아주 유명합니다.

선덕 여왕이 왕위에 오르기 전의 일입니다.

어느 해, 중국 당나라 태종이 자주색, 붉은색, 흰색의 세 가지 색깔로 그린 모란꽃 그림과 그 씨앗 세 되를 보내 왔습니다. 그 꽃은 신라에서 볼 수 없었던 것이어서 진평왕은 덕만 공주를 불러 그 그림을 보여 주었습니다. 그랬더니 덕만 공주는 뜻밖의 얘기를 했습니다.

"이 모란꽃은 아름답기는 하나 틀림없이 향기가 없을 것입니다."

그 말을 들은 신하들은 고개를 갸우뚱거리면서 덕만 공주에게 물었습니다.

"꽃에 향기가 없다니요? 그게 무슨 말씀입니까?"

"제 말이 의심되면 뜰에다 심어서 확인해 보시지오."

신하들은 그 씨앗을 궁궐 뜰에 심었습니다. 얼마 후 자주색, 붉은색, 흰색의 모란꽃이 궁궐 뜰에 곱게 피었습니다.

그런데 이상하게도 그 모란꽃은 향기가 전혀 나지 않았습니다. 꽃이 다 질 때까지도 말입니다.

신하들은 모란꽃이 다 진 어느 날, 공주를 찾아가서 물어 보았습니다.

"어떻게 그림만 보고 향기가 없을 거라는 걸 아셨습니까?"

그러자 덕만 공주는 빙그레 웃으면서 대답했습니다.

"그림을 살펴 보면 누구나 알 수 있습니다. 만일 꽃에 향기가 있다면 왜 나비나 벌이 날아들지 않겠어요? 그런데 그 그림에는 꽃만 있고 나비나 벌이 없지 않습니까?"

이 말을 들은 신하들은 그림을 다시 살펴 보며 덕만 공주의 지혜로움을 두고두고 칭찬 했습니다.

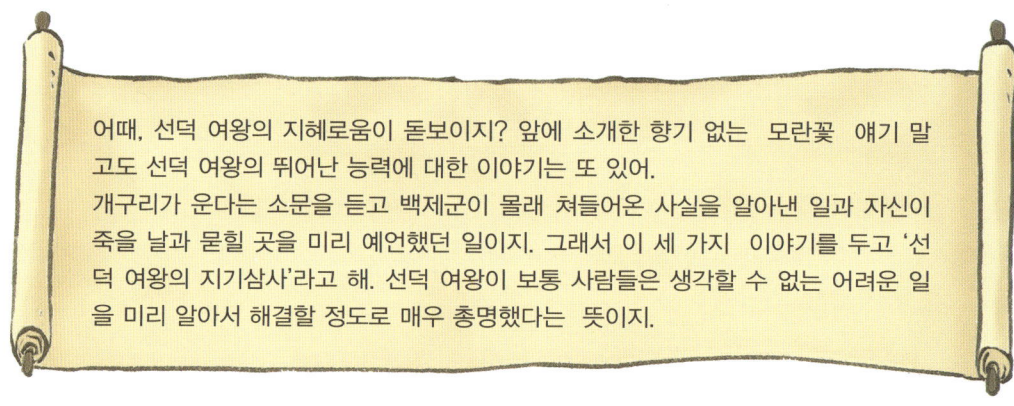

어때, 선덕 여왕의 지혜로움이 돋보이지? 앞에 소개한 향기 없는 모란꽃 얘기 말 고도 선덕 여왕의 뛰어난 능력에 대한 이야기는 또 있어.

개구리가 운다는 소문을 듣고 백제군이 몰래 쳐들어온 사실을 알아낸 일과 자신이 죽을 날과 묻힐 곳을 미리 예언했던 일이지. 그래서 이 세 가지 이야기를 두고 '선 덕 여왕의 지기삼사'라고 해. 선덕 여왕이 보통 사람들은 생각할 수 없는 어려운 일 을 미리 알아서 해결할 정도로 매우 총명했다는 뜻이지.

궁금한 우리 역사 찾기

골품 제도가 탄생 시킨 신라의 여왕

우리나라 역사에는 여왕이 세 명 등장합니다. 신라 제27대 선덕 여왕, 제28대 진덕 여왕, 제51대 진성 여왕이 그들이지요. 그런데 이상하게도 모두 신라 시대의 여왕입니다. 왜 신라에만 여왕이 있었던 걸까요?

왕은 성골만 될 수 있었다

신라 시대에는 성골에게만 왕이 될 수 있는 자격이 주어졌습니다. 성골은 신라의 신분 제도인 골품제도 가운데 가장 높은 신분을 말합니다.

〈삼국유사〉에는 선덕 여왕이 왕위에 오를 수 있었던 이유가 '성골 신분의 남자가 없었기 때문이다'라고 기록되어 있습니다. 실제로 선덕 여왕의 아버지인 진평왕에게는 아들이 없었을 뿐 아니라, 성골 신분을 가진 남자도 없었습니다. 그래서 맏딸 덕만 공주가 왕위에 오르게 되었습니다.

여왕에 대한 귀족들의 반대가 있었다

선덕 여왕은 성골이라는 특권을 내세워 왕위에 올랐습니다. 그런데 여왕이 왕위에 오른 시기는 고구려와 백제의 공격이 가장 심했던 시기였습니다. 게다가 첫 여왕이었던 그녀의 통치 능력을 의심하는 사람들도 아주 많았습니다.

상황이 이런 만큼 귀족들의 반대도 심했습니다. 여자가 왕이 되면 국가의 위신이 떨어지고, 정치를 하는 데 어려움이 있을 거라는 이유를 들어서 말이지요. 그래서 여왕은 자신의 통치 능력을 끊임없이 과시해야 했습니다.

선덕 여왕에 관한 이야기는 여왕의 지혜로움이 돋보입니다. 그 까닭은 그녀가 왕으로서의 자격을 충분히 갖추고 있다는 것을 강조함으로써 여왕에 대한 부정적인 시각을 바꾸려는 데 있습니다.

선덕 여왕의 뒤를 이어 왕위에 오른 진덕 여왕도 많은 반대와 의심에 부딪혀야 했습니다. 그래서 진덕 여왕은 김춘추와 김유신의 세력을 등에 업고 정치를 해야만 했습니다. 그런데 진성 여왕이 왕위에 오른 것은 다른 배경 때문이었습니다. 진성 여왕의 아버지는 제47대 헌안왕의 사위 경문왕이었습니

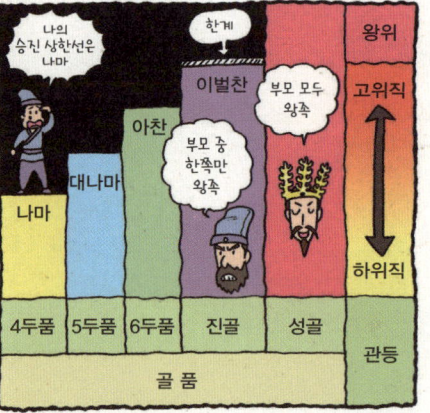

신라 시대 골품 제도 신라의 골품 제도는 골품에 따라 승진의 상한선, 의복, 가옥의 규모 등을 엄격하게 규제하였다.

다. 그런데 사위가 왕이 되자 왕의 친족 세력들과 일부 귀족들이 이에 반대하여 세 차례의 큰 반란을 일으켰습니다. 하지만 경문왕은 위기에 처한 왕권 회복을 위해 여러 가지로 노력한 결과 자식들이 왕위를 계속 이어 갈 수 있도록 했습니다.

제50대 정강왕은 왕위를 여동생인 진성 여왕에게 넘긴다는 유언을 남겼습니다. 결국 진성 여왕이 왕위에 오른 것은 경문왕 가족들이 왕위를 독점하려는 목적에서 나온 결정이었습니다.

여왕에 대한 평가

지금까지 살펴 보았듯이 신라에만 여왕이 있었던 것은 골품 제도 때문이었습니다. 그런데 이들에 대한 평가는 어떨까요?

김부식은 〈삼국사기〉에서 '여왕은 나라가 어지러운 때에나 있을 법한 일이다. 그런데도 나라가 망하지 않은 것이 다행이다'라고 비난했고, 후대의 어떤 학자들은 신라가 망한 이유를 진성 여왕의 무능력 때문이라고 주장하기도 합니다. 물론 여왕이 다스리는 동안 좋지 않은 사건들이 많이 발생한 것은 사실입니다. 하지만 그것은 여자가 왕이 되었기 때문에 일어난 사건들이 아니었습니다. 당시는 삼국 간의 대립이 가장 심했던 시기였고 또, 신라 말기의 사회가 여러 면에서 몹시 불안했기 때문이었습니다.

초등학생이 가장 궁금해 하는 우리 역사 베스트

신라의 화랑들은
왜 화장을 하였나요?

어느 해, 신라의 수도 경주에서 미인 대회가 열렸습니다. 그 미인 대회에서 가장 아름다운 여성으로 뽑힌 사람은 바로 남모와 준정이었습니다.

나라에서는 이들을 곱게 치장시킨 뒤, 학문과 무예를 익히고 노래와 춤을 배우도록 했습니다. 남모와 준정은 사이좋게 무술을 익히고 학문을 공부했습니다.

시간이 지나자 그들을 '원화'라고 부르며 따르는 청년들이 생겼는데, 그 수가 약 300명 정도에 이르렀습니다. 그러자 뜻하지 않은 문제가 생겼습니다.

사이좋게 지내던 남모와 준정이 서로를 시기하게 되었던 것이지요.

'나보다 준정을 따르는 청년이 더 많아지면 어떡하지? 그럼 준정이 날 얕잡아 볼 텐데…….'

'남모만 사라지면 내가 인기를 독차지할 수 있을 거야. 무슨 좋은 방법이 없을까?'

둘은 서로 기회만 노리고 있었는데, 먼저 준정에게 한 가지 꾀가 떠올랐습니다.

'그래, 남모는 술을 좋아하지…….'

준정은 잘 익은 술이 있다며 자신의 집으로 남모를 초대했습니다. 그러고는 일부러 술을 잔뜩 먹인 뒤 물에 빠뜨려 죽였습니다.

하지만 이 일은 곧 남모를 따르던 청년들에 의해 밝혀지고 준정은 사형을 받았습니다. 일이 이렇게 되자 그동안 쌓아 왔던 청년들의 우정도 모두 깨지고 원화도 없어졌습니다.

그러나 얼마 지나지 않아 나라에서는 원화 제도가 필요하다고 느꼈습니다.

하지만 지난번과 같은 일이 다시 일어나게 할 수는 없었습니다.

"이번에는 여자가 아니라 잘 생긴 남자를 뽑도록 하라. 단, 가문 좋고 건강하고 행동과

품성이 바른 청년이라야 한다. 그리고 그들을 '화랑'이라 부르리라."

이렇게 뽑힌 화랑은 평소에 산과 강을 찾아다니면서 무예를 닦고 학문을 익히다가 전쟁이 일어나면 나가서 싸우기도 했습니다.

그러다 보니 화랑을 따르는 청년들이 생겨났고 나라에서는 그 청년들을 '낭도'라고 부르게 했습니다.

시간이 지나면서 낭도의 수는 점점 늘어나서 한 명의 화랑이 수천 명의 낭도를 지휘해야 하는 지경에 이르렀습니다. 그래서 하루는 화랑들이 모여서 대책 회의를 하였습니다. 그날 이후, 신라에서는 예쁘게 화장하고 곱게 치장한 화랑들을 볼 수 있었다고 합니다.

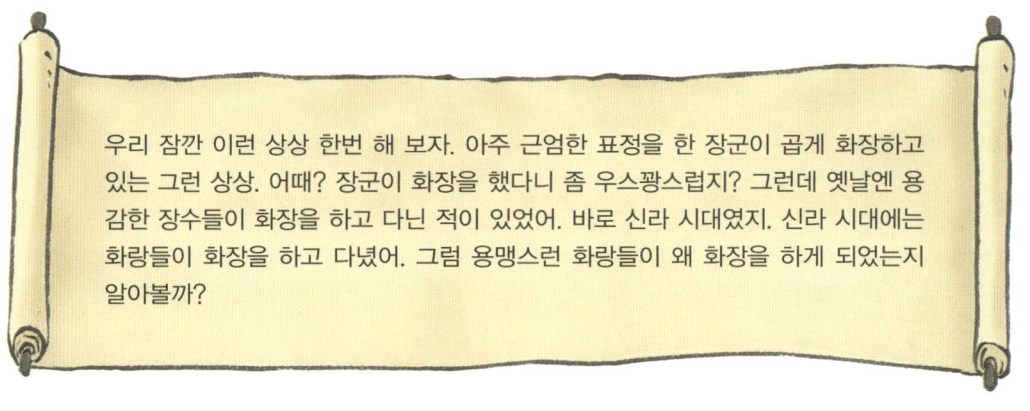

우리 잠깐 이런 상상 한번 해 보자. 아주 근엄한 표정을 한 장군이 곱게 화장하고 있는 그런 상상. 어때? 장군이 화장을 했다니 좀 우스꽝스럽지? 그런데 옛날엔 용감한 장수들이 화장을 하고 다닌 적이 있었어. 바로 신라 시대였지. 신라 시대에는 화랑들이 화장을 하고 다녔어. 그럼 용맹스런 화랑들이 왜 화장을 하게 되었는지 알아볼까?

궁금한 우리 역사 찾기

화장을 통해
권위를 나타내었던 화랑

우리가 알고 있는 신라의 영웅들 가운데는 화랑 출신이 참 많습니다. 신라가 가야와 싸울 때 눈부신 활약을 했던 사다함, 황산벌 싸움에서 백제의 계백 장군과 맞서 싸운 관창, 어디 그뿐인가요? 삼국 통일에 가장 큰 업적을 남긴 김유신도 역시 화랑 출신이었습니다. 그런데 그들이 화장을 하고 곱게 치장한 장수였다니, 뜻밖이지요?

하지만 화랑이 원래 아름다운 여인, 남모와 준정을 따르던 청년들에게서 시작되었다는 걸 생각해 보면 그리 이상한 일도 아닙니다.

화랑은 이렇게 구성되어 있었습니다. 먼저 화랑을 총지휘하는 국선, 그 아래 화랑 그리고 화랑이 거느리는 각 부대의 낭도로 말이에요. 그런데 국선은 원칙적으로 한 명이었고, 화랑은 보통 3~4 명에서 7~8 명이었다고 합니다. 하지만 그 화랑이 거느린 각 부대의 낭도는 수천 명에 이르러서 화랑은 늘 그들을 지휘하는 데 어려움을 겪었지요. 그래서 많은 고민을 했다고 합니다.

"우리가 수천 명의 낭도들을 제대로 지휘하려면 그들과는 다른 권위와 힘을 보여 줘야 해. 무슨 방법이 없을까?"

"이러면 어떨까? 우리의 선배인 남모와 준정처럼 우리도 화장을 하고 치장을 하는 거야. 그러면 낭도

화랑 조직

국선
1명
(화랑총지휘)

↓

화랑
3~8명
(화장을 함)

↓

낭도
각각 화랑
마다 수천 명

들과 구별도 되고, 뭔가 우리만의 힘도 보여 줄 수 있을 것 같은데."

이렇게 화랑들이 머리를 맞대고 의논한 결과 화장을 하고 곱게 치장하게 되었던 것입니다.

이처럼 화랑이 화장을 한 건 단순히 아름다워 보이기 위해서가 아니었습니다. 자신들의 권위와 힘을 드러내기 위한 목적이 있었던 것입니다. 그렇게 많은 낭도들을 지휘하려면 그만큼 위엄을 보여야 했을 것입니다.

이젠 신라의 화랑들이 화장을 한 가장 큰 이유가 자신들의 권위를 나타내기 위해서였다는 사실을 알았지요?

임신서기석 신라의 두 화랑이 '열심히 공부하고 나라에 충성할 것을 맹서한다'는 글이 새겨져 있다. 경주 국립박물관.

신라 금귀걸이 우리나라는 삼국 시대부터 남녀 구분없이 귀걸이를 널리 애용했다.

59

초등학생이 가장 궁금해 하는 우리 역사 베스트

고구려가 멸망한 이유는
연개소문의 아들 때문이라고요?

오랫동안 자리에 누워 있던 연개소문이 숨을 거두자 맏아들 연남생이 권력을 쥐게 되었습니다. 그는 먼저 조정에서 일하는 대신들을 신세대 인물로 바꾸었습니다. 이 일로 구세대들의 거센 항의가 있었지만 남생은 별로 개의치 않았습니다.

어느 날, 남생은 언제 다시 쳐들어올지 모르는 당나라 군대에 대비하기 위해 변방 주변을 둘러보러 갔습니다. 그런데 일이 벌어지고 말았습니다. 남생이 자리를 비운 사이 구세력들이 힘을 모아 남생을 죽이려는 음모를 꾸몄던 것입니다. 그런데 그 음모에 남생의 동생인 남건, 남산이 가담하고 있었습니다. 남건, 남산은 병사들을 이끌고 국내성으로 쳐들어갔습니다.

'다른 사람도 아닌 동생들이 날 죽이려 하다니…….'

소식을 들은 남생은 너무나 분하고 억울했습니다. 더군다나 시간이 흐를수록 불리한 입장에 처해지자 동생들에 대한 분노가 더욱 커졌습니다. 궁지에 몰린 남생은 생각다 못해 당나라에 도움을 청하게 되었습니다.

'이거야말로 힘들이지 않고도 고구려를 멸망시킬 좋은 기회가 아닌가?'

늘 고구려를 칠 기회만 노리고 있던 당나라 고종은 30만 명의 군대를 남생에게 보내면서 그를 당나라의 관리로 임명했습니다. 이제 남생은 당나라를 위해 조국을 멸망시켜야 하는 처지에 놓이게 되었습니다.

남생이 당나라 군대를 지휘하며 고구려의 성을 공격하자 고구려 장군들은 혼란에 빠졌습니다. 고구려를 위해 남생과 싸워야 할지, 자신이 모시던 남생의 명령을 따라야 할지 갈피를 잡을 수가 없었던 것입니다. 결국 모든 고구려의 장군들은 남생에게 항복하고 말

60 한국사를 부탁해

았습니다.

대부분의 성을 쉽게 빼앗은 남생은 평양성에 있는 보장왕에게 편지를 보냈습니다.

'나는 다만 동생들의 배신을 괘씸하게 생각하고 있을 뿐이오. 그러니 보장왕께서 아무 편도 들지 않는다면 목숨을 지켜 주겠소.'

남생은 성을 함락시키면 고구려의 문화재와 기밀 문서가 당나라의 손에 들어갈 것을 염려해 그것을 처리할 시간을 주려는 의도였습니다.

며칠 후, 성 안에서 검은 연기가 치솟았습니다. 남생은 불길에 휩싸인 성을 보며 눈물을 흘렸습니다.

'한순간의 잘못으로 나라를 망친 역적이 되었으니 죽어서 아버지를 어떻게 뵐 수 있을꼬……'

잿더미로 변한 평양성에 들어간 남생은 고구려의 주권을 당나라에 넘겨 주었습니다. 700여 년의 긴 역사를 자랑하던 고구려는 이처럼 허무하게 멸망하고 말았습니다.

우리나라 영토가 가장 넓었던 때가 언제였는지 아니? 바로 고구려 시대였어. 그 때 한반도는 물론이고 넓은 만주 땅의 대부분이 고구려 땅이었대.
그런데 중국도 벌벌 떨었을 만큼 강했다던 고구려가 왜 그렇게 힘없이 멸망하고 말았을까? 남생이 당나라에 항복을 했기 때문이었을까?

궁금한 우리 역사 찾기

고구려 멸망을 앞당겼던
내부의 분열

　고구려는 5세기 초에서 6세기 중엽까지 동북 아시아의 최대 강국이었습니다.

　하지만 그 후, 신라와 백제의 연합 공격을 받아 한강 유역을 빼앗겼고 뒤이어 동해안을 신라에게 빼앗겼습니다. 거기다가 중국을 통일한 수나라와 당나라의 공격을 수차례에 걸쳐 받았습니다. 하지만 100만 대군을 이끌고 고구려에 쳐들어왔던 수나라는 성 하나도 점령하지 못한 채 멸망했고, 당나라는 겨우 작은 성 몇 개만 빼앗은 채 물러나야 했습니다.

　그런데 이렇게 천하무적이었던 고구려가 왜 하루 아침에 멸망했을까요?

　가장 큰 이유는 물론 나당 연합군의 공격에 있습니다. 고구려가 끊임없는 당나라의 공격을 막아내고 있을 때 백제에 시달리던 신라는 당나라의 도움을 요청했습니다. 힘을 합쳐 먼저 백제를 멸망시킨 뒤 고구려까지 정복하자는 조건을 내세워서 말이지요. 번번이 고구려 정복에 실패했던 당나라로선 귀가 솔깃한 제안이었기 때문에 얼른 신라의 요청을 받아들였습니다. 그렇게 해서 나당 연합군은 660년에 백제를 먼저 멸망시키고, 이어 668년에 고구려까지 멸망시킨 것입니다.

　고구려가 멸망한 다른 이유는 귀족들의 분열입니다. 귀족들의 분열 때문에 막강한 힘을 가졌음에도 불구하고 나당 연합군의 공격에 적절한 대응을 하지 못했던 것입니다.

　수나라가 중국을 통일할 무렵부터 고구려는 왕위를 놓고 왕비들이 서로 군사들을 앞세워 다투는가 하면, 여러 귀족 세력이 지배권을 놓고 다투었습니다. 그러다 보니 고구려의 평양성 주변은 항상 피비린내가 가득했습니다.

　그렇게 10년이 흐른 어느 날, 연개소문이 영류왕과 귀족 100여 명을 죽이고 권력을 장

악했습니다. 권력을 움켜 쥔 연개소문은 고구려의
모든 정책이 그에 의해 움직일 정도로 강한 힘을
행사했습니다. 하지만 연개소문을 반대하는 세
력은 물론 그에게서 밀려난 귀족들이 여전히
각지에서 기회를 노리고 있었습니다.

연개소문이 죽자 고구려는 기다렸다는 듯
이 다시 분열되었습니다. 그의 아들들이 서
로 권력을 잡기 위해 싸움을 벌였던 것이지
요. 두 동생의 공격을 받은 남생은 결국 고구
려의 중요한 성을 함락시킨 뒤 당나라에 항복했
고, 연개소문의 동생은 12성을 앞세우고 신라에 항복했습니
다. 눈깜짝할 사이에 나라의 절반 이상이 남의 나라 손에 넘어가고 말았던 것입니다. 그
런데다 평양성마저 함락되고 왕이 당나라에 항복하자 고구려는 너무나 허무하게 무너지
고 말았습니다.

다음으로 고구려가 멸망한 이유에는 백성들을 고통으로 밀어 넣은 정책에 있습니
다. 수나라와 당나라의 지긋지긋한 침입, 백제나 신라와의 치열한 전쟁, 귀족들의 분
열…….. 그런 여러 가지 상황 속에서 가장 고통받은 건 백성들이었습니다.

백성들은 자신의 의지와는 상관없이 전쟁터, 공사장, 때로는 귀족들의 싸움터로 끌려
다녀야 했습니다. 그러다 보니 제때에 농사를 지을 수 없었고 당연히 가을철엔 추수할
곡식이 없어서 끼니를 잇기도 어려웠습니다. 그런데도 백성들은 1년에 귀족들과 조 5말
밖에 차이 나지 않는 엄청난 세금을 내야 했습니다.

전쟁과 가난과 엉터리 세금에 시달리던 백성들 가운데는 굶어 죽거나 도둑으로 변하
는 사람들이 늘어났습니다. 겉으로 볼 땐 중국과의 전쟁은 물론 백제, 신라와의 전쟁 또
한 승리로 이끄는 천하무적 고구려였지만 안으로는 지배 귀족들의 분열과 지칠대로 지
친 백성들의 일그러진 모습이 있었던 것입니다.

이런 여러 가지 이유로 고구려는 결국 맥없이 무너지고 말았습니다.

초등학생이 가장 궁금해 하는 우리 역사 베스트

신라의 삼국 통일로
만주 벌판을 빼앗겼다고요?

백제 의자왕 20년(660년) 6월, 사비성에는 온갖 이상한 소문이 나돌았습니다.

"혹시 왕흥사의 스님들 소문 들었나?"

"무슨 소문?"

"절 앞에서 이상한 소리가 들려 스님들이 나가 보니 배가 큰 물을 따라 절 안으로 들어오더라네."

"설마⋯⋯."

소문을 처음 듣는 사내는 쉽게 그 말을 믿지 못했습니다.

"믿기지 않는가 본데, 더 들어 보게. 이건 대궐에서 있었던 일일세."

"대궐에서?"

대궐이라는 말에 사내는 귀가 솔깃하였습니다.

"귀신이 대궐까지 들어와서 '백제는 망한다, 백제는 망한다'하고 크게 외치다가 땅속으로 사라졌다네."

"그래서?"

"사람들이 이상해서 그곳을 파 보았더니 아, 글쎄 그 자리에서 거북이 한 마리가 나왔다지 뭔가? 그런데 그 거북이의 등에 '백제는 보름달과 같고 신라는 초승달과 같다'라고 적혀 있었다네."

"그게 무슨 뜻인가?"

"그야 모르지. 하여튼 뭔가 좋지 않은 징조임에는 틀림없는 것 같네."

이런 소문은 하루도 안 되어 의자왕에게 전달되었습니다. 의자왕은 소문을 듣자마자 급히 무당을 불렀습니다.

"거북이 등에 적혀 있었다는 글의 뜻이 무엇인고?"

"아뢰옵기 황공하오나 백제는 이미 보름달이니 기우는 일만 남았고, 신라는 초승달처럼 앞으로 가득 차게 된다는 뜻인 듯하옵니다."

무당의 말을 들은 의자왕은 크게 화를 냈습니다.

"뭐? 우리 백제가 망하고 신라가 흥한다고? 내 이놈을 당장에……."

의자왕이 무당을 치려 하자 얼른 다른 신하가 나섰습니다.

"무당의 말은 참으로 황당하옵니다. 보름달이 꽉 찬 것이니 백제가 흥하고, 신라가 초승달처럼 망한다는 뜻이 아니겠습니까?"

"오호, 그대 말이 정녕 옳다."

그제야 의자왕은 화를 풀고 껄껄 웃었습니다.

하지만 그로부터 얼마 후, 백제는 신라·당나라의 연합군에 맞서 싸우다가 결국 무릎을 꿇고 말았습니다.

660년, 백제는 불길한 징조대로 나당 연합군에게 굴복하고 말았어. 그리고 그로 부터 8년 뒤, 삼국 가운데 가장 강했던 고구려마저 힘없이 무너졌지. 마침내 신라가 한반도를 차지하게 된 거야. 우리는 이 사건을 '삼국 통일'이라 부르고, 그 이후의 시대를 '통일 신라'라고 불러. 그런데 과연 신라의 삼국 통일을 잘했다고 봐야 할까?

궁금한 우리 역사 찾기

만주 지역을 잃은 삼국 통일

많은 사람들이 신라의 삼국 통일에 대해 아쉬움을 나타냅니다. 그 이유는 신라의 삼국 통일이 여러 가지 부정적인 면을 갖고 있기 때문입니다. 과연 어떤 점이 부정적일까요?

첫째, 자기 나라 스스로의 힘으로 삼국을 통일하지 못하고 당나라를 끌어들였습니다. 그 결과 고구려 땅이었던 만주 벌판을 빼앗기게 되었고 우리 민족의 자존심마저 잃게 되었습니다.

그런데 왜 신라는 당나라를 끌어들였을까요?

일찍이 신라는 당나라에 김춘추를 보내어 도움을 청했습니다. 백제와 고구려를 함께 정복한 뒤 그 땅을 나누어 차지하자고 말입니다. 당나라는 선뜻 제안을 받아들였습니다.

당시 당나라는 눈엣가시 같은 고구려를 공격해 보았지만 번번이 패배하던 차였습니다. 그런데 신라가 손을 잡고 고구려를 공격하자니 얼마나 반가운 일이었겠습니까? 또, 고구려만 멸망시킨다면 신라는 물론 백제까지도 지배할 수 있을 테니 당나라는 '꿩 먹고 알 먹고'라고 생각했을 것입니다.

당나라를 한반도에 끌어들인 신라는 계획대로 백제와 고구려를 차례로 멸망시켰습니다. 하지만, 당나라의 힘을 빌린 대가를 톡톡히 치러야만 했습니다.

당나라는 신라와의 약속을 어기고 자기들 멋대로 한반도에다 통치기관을 두었습니다. 그래서 신라는 당나라를 몰아내기 위해서 힘겨운 전쟁을 치러야 했습니다. 결국 백제와 고구려 유민의 도움으로 당나라를 대동강 남쪽에서 몰아낼 수 있었습니다. 그러나 고구려가 지배했던 만주 벌판을 얻지 못했으니 영토로 볼 때 완전한 통일은 아니었습니다.

둘째, 일단 삼국을 통일하긴 했지만 얼마 가지 못해서 다시 후삼국으로 분열되었습니

66 한국사를 부탁해

다. 통일 후의 국가 관리를 잘못했기 때문입니다.

이 두 가지가 신라 삼국 통일의 부정적인 측면입니다.

하지만 신라의 삼국 통일이 부정적인 면만을 가지고 있지는 않습니다. 그럼 이번에는 긍정적인 측면을 살펴 볼까요?

우선, 신라가 외세의 힘을 빌어 삼국을 통일했다고는 하지만 신라가 그렇게 할 수밖에 없었던 이유가 있었습니다. 당시에는 고

구려, 백제가 함께 신라를 공격하는 상황이었으므로 신라가 살아 남기 위해서는 동맹국이 필요했습니다. 그래서 신라는 당나라를 택했던 것이고 결국 백제와 고구려와의 싸움에서 승리를 했습니다.

다음으로, 신라에 의해 삼국이 통일됨으로써 우리가 한민족이 되었다는 점입니다. 그 무렵, 고구려는 연개소문이 죽은 후 왕권이 약화되고 지배층의 분열이 일어났으며, 백제는 의자왕의 방탕한 생활로 나라가 혼란스러웠습니다.

만약 그러한 때에 신라가 삼국을 통일하지 않았다면 아마 세 나라 모두 당나라에 흡수되었을지도 모릅니다.

셋째, 신라는 삼국의 문화를 통일하여 우리 민족 문화를 지키는 데 큰 역할을 했습니다. 신라는 삼국 통일 후 고구려, 백제의 문화를 흡수하여 석굴암, 불국사 같은 빼어난 민족 문화를 꽃피웠습니다. 이제 신라의 삼국 통일을 전체적으로 평가해 볼까요?

신라는 통일의 방법으로 외세의 힘을 끌어들였고 그 결과를 영토의 문제로 볼 때 삼국 통일은 불완전한 통일이었습니다. 또, 통일 후의 국가 관리를 잘못하여 결국 다시 후삼국으로 갈라지게 만들었습니다.

그러나 신라가 삼국을 통일함으로써 비로소 삼국이 한민족이 되었고, 삼국의 문화를 통일하여 민족 문화를 꽃피운 점 등은 긍정적인 평가라고 할 수 있습니다.

초등학생이 가장 궁금해 하는 우리 역사 베스트

만파식적을 불면
정말 적군이 물러갔나요?

신라 신문왕 때의 일입니다. 한 신하가 급하게 달려와서 왕에게 아뢰었습니다.

"동해에 작은 섬 하나가 물에 떠서 감은사를 향해 오고 있습니다."

"섬이 떠 오고 있다고?"

감은사는 신문왕의 아버지 문무대왕의 명복을 빌기 위해 지은 절이었습니다. 걱정이 된 왕은 얼른 나라의 일을 점치는 관리를 불렀습니다.

"어떤 섬이 감은사로 오고 있다는데 무슨 징조냐?"

관리는 한참 동안 점괘를 뽑더니 이렇게 말했습니다.

"보배를 얻을 징조이옵니다. 만일 지금 폐하께서 바닷가로 나가신다면 값으로 따질 수 없는 큰 보물을 얻을 것이옵니다."

왕은 크게 기뻐하며 곧바로 바닷가로 나가 그 섬을 바라보았습니다.

그리고 신하를 시켜 자세히 살펴보도록 했습니다. 섬을 살피고 온 신하는 섬에는 대나무가 하나 서 있는데 낮에는 두 쪽으로 갈라졌다가 밤이 되면 하나로 합쳐진다고 보고했습니다.

다음 날, 갑자기 대나무가 하나로 합쳐지더니 비바람이 몰아치고 먹구름이 몰려와 사방이 밤처럼 어두컴컴해졌습니다. 이런 날이 7일 동안이나 계속되었습니다.

날이 개고 물결이 잠잠해지자 왕은 직접 그 섬으로 가 보았습니다. 그런데 바다 속에서 용 한 마리가 불쑥 나타났습니다.

"이 섬의 대나무가 갈라지기도 했다가 합쳐지기도 하는데 무슨 이유라도 있는가?"

왕이 묻자 용은 차근차근 말했습니다.

68 한국사를 부탁해

"그것은 왕께서 소리로 나라를 다스리실 좋은 징조입니다. 이 대나무로 피리를 만들어 불어 보십시오. 그러면 온 나라가 평화로워질 것입니다."

왕은 너무 기뻐서 용에게 금과 옥, 비단 등을 주어 보답하고 대나무를 베어 가지고 돌아왔습니다. 그러자 곧 섬과 용이 사라졌습니다.

왕은 궁궐로 돌아온 즉시 그 대나무로 피리를 만들어 잘 보관해 두었습니다.

그 후, 피리를 불면 적군이 물러가고 모든 병이 나았습니다. 또, 가뭄에는 비가 내리고 장마가 질 때는 비를 그치게 했습니다. 그리고 거센 바람도 가라앉히고 높은 파도도 잠재워 주었습니다.

그래서 이 피리를 '만파식적'이라 부르고 나라의 보물로 삼았습니다.

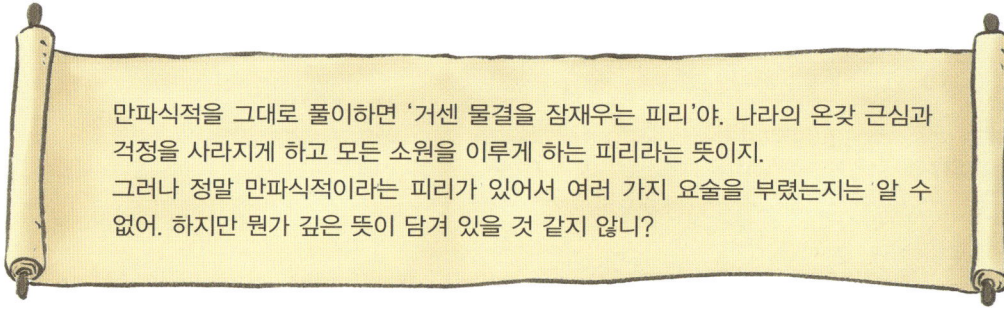

만파식적을 그대로 풀이하면 '거센 물결을 잠재우는 피리'야. 나라의 온갖 근심과 걱정을 사라지게 하고 모든 소원을 이루게 하는 피리라는 뜻이지.
그러나 정말 만파식적이라는 피리가 있어서 여러 가지 요술을 부렸는지는 알 수 없어. 하지만 뭔가 깊은 뜻이 담겨 있을 것 같지 않니?

궁금한 우리 역사 찾기

나라의 안정과 번영을 기원한
만파식적 이야기

불기만 하면 적군이 물러가고 바람과 파도를 잠재울 수 있다는 피리. 그런 피리를 가지고 있었던 신문왕은 세상에 부러울 게 없었을 것입니다.

그런데 만파식적에 관한 이야기는 어떻게 만들어진 것일까요? 또 만파식적이 신문왕에게 어떤 의미가 있었을까요?

신문왕이 왕이 된 후에 한 일을 살펴 보면서 해답을 찾아보도록 하겠습니다.

신문왕은 왕위에 오른 지 한 달 만에 장인 김흠돌을 비롯한 여러 귀족들을 사형에 처했습니다. 그리고 20여 일이 지났을 때 김군관이라는 전쟁 영웅을 처벌했습니다. 그들은 자신들의 세력이 약해질 것을 우려해 반란을 꾸몄거나 반란에 가담한 사람들이었습니다. 신문왕은 이 기회를 적극 활용하여 왕권 강화의 기회로 이용했던 것입니다.

그 후, 신문왕은 지방 행정 제도, 중앙 군대와 지방 군대를 조직하는 등 제도 정비를 통해 통일 신라의 발판을 확실히 다졌습니다.

그러나 신문왕에게는 아직 해결해야 할 숙제가 있었습니다. 바로 오랜 전쟁으로 지쳐 있는 백성들을 위로하고 그들의 생활을 안정시켜야 하는 문제였습니다.

신문왕은 고민 끝에 음악으로 백성을 다스려야겠다고 생각했습니다. 백제,

이견대 신라 신문왕이 옥대와 만파식적을 만들 대나무를 얻었다는 곳. 경상 북도 경주군 감포읍 대본리.

고구려 그리고 당나라와의 오랜 전쟁에 지친 신라 백성을 위로하고 또, 이제 한 나라의 백성이 된 백제, 고구려 사람들을 달래기 위해서는 음악만큼 좋은 것이 없었지요. 그래서 만파식적의 여러 가지 노래들이 만들어졌습니다.

이 노래들은 죽은 사람에게 평안을, 산 사람들에게는 위로를 주었습니다.

아마 만파식적이 만들어 낸 음악을 듣던 통일 신라 백성들은 '이젠 넓어진 영토에서 풍요로운 내일을 꿈꾸는 일만 남은 거야.'하고 생각했을지도 모릅니다.

만파식적은 나중에 새로운 이름을 얻었습니다. 바로 '만만파파식적'이라는 이름이었지요. 그렇다면 만만파파식적이 담고 있는 의미는 무엇이었을까요?

그것은 바로 예술의 발달입니다.

이렇듯 만파식적 이야기는 오랜 전쟁을 치르면서 삼국 통일을 이룩한 신라에서 이제는 평화와 안정만 있기를 바라는 당시의 사회적 분위기를 반영한 것입니다. 신기한 요술피리 만파식적은 바로 안정과 번영의 상징인 것입니다.

초등학생이 가장 궁금해 하는 우리 역사 베스트

에밀레종을 치면
정말 아이의 울음소리가 들리나요?

어느 날, 신라의 경덕왕은 봉덕사에다 큰 종을 만들라고 명령했습니다.

"부왕이신 성덕대왕의 위대한 업적을 나타낼 수 있도록 신라에서 가장 큰 종을 만들도록 하시오. 그리고 종을 한 번 치면 멀리까지 퍼지도록 각별히 공을 들여 만들도록 하시오."

왕의 명령을 받은 신하들은 종을 잘 만들기로 이름난 일전이라는 사람을 찾아가서 그일을 부탁했습니다.

'큰 종이 은은한 소리를 내기는 힘든데……. 이를 어쩌지?'

며칠을 고민하던 일전은 공들여 종을 만들고 종 표면에 용이 구름을 타고 나는 무늬도 새겨넣었습니다.

드디어 종이 완성되자 경덕왕은 몸소 나와서 종을 보았습니다.

"오, 정말 대단한 종이로구나. 어디, 종을 한번 울려 보아라."

그러자 봉덕사의 스님 한 분이 힘껏 종을 쳤습니다. 그런데 어찌된 일인지 종에서 소리가 나질 않았습니다. 경덕왕이 몸소 종을 쳐 보았으나 마찬가지였습니다.

"아무래도 정성이 부족하여 부처님께서 노하신 것 같소. 그러니 경들은 다시 시주를 거두어서 더욱 정성을 들여 만들도록 하시오."

봉덕사의 스님들은 전국을 다니며 시주를 받기에 바빴습니다. 그러는 동안 경덕왕은 그만 세상을 뜨고 말았습니다. 하지만 종 만드는 일은 계속되었습니다.

하루는 봉덕사 주지 스님이 꿈속에서 이상한 소리를 들었습니다.

"며칠 전에 시주를 받으러 갔다가 그냥 돌아온 집의 아이를 데려 오너라. 종을 만들 때 그 아이가 들어가야 소리가 나게 되느니라.”

잠에서 깬 주지 스님은 생각에 잠겼습니다.

‘그 아이라면……. 시주할 게 아무것도 없다던 그 집 아이를 말하는 것이구나. 부처님의 뜻이니 어서 서둘러야겠다.’

날이 밝자 스님은 그 집으로 찾아가서 꿈 얘기를 했습니다.

“스님의 뜻은 잘 알겠습니다. 하지만 어떻게 내 자식을…….”

아기의 어머니는 눈물을 흘리며 넋두리를 했습니다. 그러다 결국 그녀는 아기를 내놓고 말았습니다.

스님이 데려 온 아기는 끓는 쇳물 속에 넣어지고 종은 다시 만들어졌습니다.

이번에도 왕이 보는 앞에서 주지 스님은 힘껏 종을 쳤습니다.

그런데 맑은 종소리에서 ‘에밀레’ 하는 아기의 울음소리가 섞여 나왔습니다. 그 소리는 마치 아기가 자신의 어머니를 애타게 찾는 듯한 소리였습니다. 그래서 이 종을 ‘에밀레종’이라고 불렀답니다.

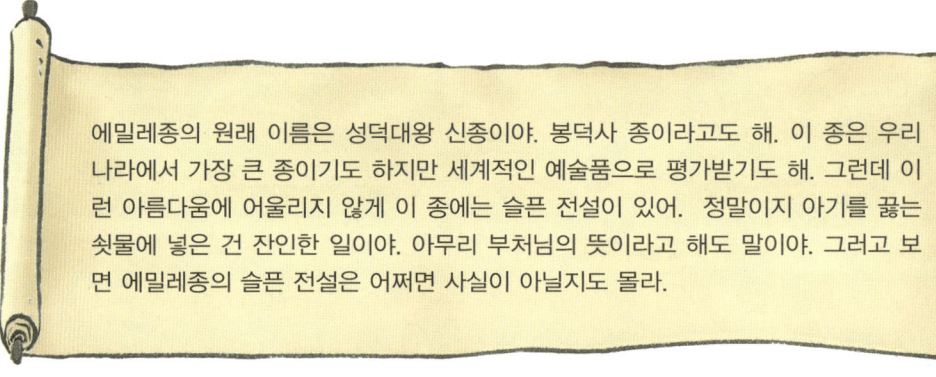

에밀레종의 원래 이름은 성덕대왕 신종이야. 봉덕사 종이라고도 해. 이 종은 우리나라에서 가장 큰 종이기도 하지만 세계적인 예술품으로 평가받기도 해. 그런데 이런 아름다움에 어울리지 않게 이 종에는 슬픈 전설이 있어. 정말이지 아기를 끓는 쇳물에 넣은 건 잔인한 일이야. 아무리 부처님의 뜻이라고 해도 말이야. 그러고 보면 에밀레종의 슬픈 전설은 어쩌면 사실이 아닐지도 몰라.

궁금한 우리 역사 찾기

백성들의 고통이 담긴
에밀레종

성덕대왕 신종은 세계에 자랑할 만한 아름다운 예술품입니다. 그런데 그 종에 얽힌 이야기는 그다지 아름답지 않습니다. 오히려 슬픈 이야기입니다. 그런데 성덕대왕 신종에는 왜 이처럼 슬픈 전설이 있을까요?

에밀레종의 전설에는 백성들의 고통이 담겨져 있습니다. 통일 신라 때의 백성들은 나라에 큰일이 있을 때마다 공사에 참여해야 했고 또, 집집마다 시주라는 이름으로 물건을 내놓아야 했습니다. 이야기에서처럼 내놓을 것이 없을 땐 아기라도 내놓아야 할 정도였습니다.

성덕대왕 신종이 만들어진 경덕왕과 혜공왕 시절은 나라가 안정된 때였습니다. 하지만 경덕왕 말기에 이르러 귀족들은 왕권에 반발하기 시작했습니다.

고민 끝에 경덕왕은 불교의 힘을 빌어 그 위기를 극복하려고 했습니다. 그래서 석굴암과 불국사를 지었고 또, 성덕대왕 신종까지 만들게 된 것입니다. 그뿐만이 아닙니다. 무게가 49만 근에 달했다는 황룡사종이며, 당나라 황제가 감탄했다는 1만 개의 불상을 모신 만불상도 모두 경덕왕 때에 만들어졌습니다.

이렇게 겉만 보면 경덕왕 때는 신라의 문화 예술이 한창 꽃피던 시기였습니다. 당시 신라의 경주는 지붕을 전부 기와로 덮을 정도로 생활이 풍족했습니다.

그러나 이건 어디까지나 귀족들에게 해당하는 것이었

74 한국사를 부탁해

습니다. 일반 백성들의 삶은 너무나 비
참했으니까요. 어쩌다 한 번 흉년이 들
기라도 하면 먹을 것이 없어 자식을 팔
거나, 꼼짝없이 굶어 죽어야 할 지경이
었습니다. 이처럼 통일 신라가 꽃피운
찬란한 문화 속에는 백성들의 말할 수
없는 고통이 숨어 있었던 것입니다.

　그렇다면 에밀레종의 전설은 거짓일
까요? 꼭 그렇다고는 말할 수는 없습
니다.

　아직까지 에밀레종을 만들 때 아기
를 넣었는지에 대한 대답은 두 가지로
나뉘어 있습니다.

　그 하나는 종을 만드는 데 아기를 넣
었다는 것이 어디까지나 백성들의 고
통을 상징한다는 주장입니다. 하지만
다른 하나는 실제로 아기를 넣었을 거

성덕대왕신종 높이 3.77m, 둘레 7m, 무게 약 25톤. 에밀레종
이라 불리기도 한다. 국보 제29호

라고 주장합니다. 사람의 뼛속에 들어있는 인이라는 성분이 물질을 합성하는데 중요한
작용을 한다고 합니다.

　이야기대로라면 아기를 넣은 뒤에 종에 금이 가지 않고 맑은 소리도 났으니 이 주장이
타당한 것 같기도 합니다. 하지만 어린 아기 몸에 들어 있는 인의 성분이 12만 근이나 되
는 커다란 종에 얼마나 영향을 주었을까요?

초등학생이 가장 궁금해 하는 우리 역사 베스트

첨성대는 별을 관측한 게
아니라고요?

백제의 사비성에는 아주 큰 은행나무가 있었습니다. 그런데 하루는 은행나무 아래로 마을 아이들이 모여들기 시작했습니다. 두 손 가득히 달짝지근한 맛이 나는 마를 캐 들고 말입니다. 아이들이 마를 들고 모인 이유는 돌쇠가 신라에 있다는 첨성대 얘기를 해 주기로 했기 때문입니다. 돌쇠 아버지는 이웃나라에까지 소문난 기술자입니다. 워낙 돌을 잘 다루었기 때문에 나라에 큰일이 있을 때는 물론 이웃나라에도 불려 다닐 정도였습니다.

"첨성대는 어떻게 생겼는가? "

"천문을 관측하는 곳이라며? "

아이들은 돌쇠를 가운데 두고 쉴새없이 질문을 해댔습니다.

"첨성대는 선덕여왕이 만들라고 했대. 그런데 아주 비밀이 많다는 거야."

"무슨 비밀인데? "

"첨성대는 위아래를 네모 반듯하게 만들고 몸체를 원통으로 했대. 그런데 그게 다 의미가 있다는 거야."

"그래?"

"둥근 건 하늘, 네모진 것은 땅을 가리킨대. 이뿐만이 아냐. 원형으로 된 몸체는 모두 27단으로 쌓았는데 맨 위에 놓인 정(井)자 모양의 돌을 합치면 28단이 되잖아? 그건 바로 별자리 28수를 가리킨대."

돌쇠는 땅바닥에 그림을 그려가며 열심히 설명을 해 주었습니다. 마치 자신이 첨성대를 보기라도 한 것처럼 말이지요.

"비밀이라는 게 고작 그 두 가지뿐이야?"

한 아이가 빈정거렸습니다.

그러자 돌쇠는 대뜸 두 손을 벌려 그 아이 앞에 내밀었습니다.

"넌 양심도 없구나. 어쩌면 이렇게 중요한 소식을 공짜로 들으려고 해?"

돌쇠가 한 마디 하자 아이들은 들고 있던 마를 돌쇠 앞으로 내밀었습니다.

그제야 돌쇠는 흐뭇한 표정을 지으며 다시 입을 열었습니다.

"자, 잘 봐. 몸체 남쪽 중앙에는 이렇게 창이 나 있어."

돌쇠는 아까 그린 몸체 중앙에다 네모난 창을 그려 넣으며 말했습니다.

"그런데 관측은 어디서 하는 거야?"

그 말에 돌쇠는 잠시 머뭇거렸습니다. 그것까지는 아버지한테 듣지 못했거든요.

"그건……. 수수께끼로 남겨 두는 걸로 하자. 만일 내일 아침까지 알아 내는 사람이 한 달 동안 대장이다. 괜찮지?"

돌쇠의 말에 아이들 모두 고개를 끄덕였습니다.

우린 신라의 선덕여왕 때 만들어진 첨성대가 천체를 관측했던 천문대라고 알고 있어. 그런데 갑자기 천문대가 아니라는 주장이 등장했지 뭐니? 온갖 과학적 기술과 지식이 동원되어 만들어졌다는 첨성대. 그렇다면 첨성대는 정말 천문대가 아닐까?

궁금한 우리 역사 찾기

천문 관측 기구로 여겨지는 첨성대

첨성대는 지금으로부터 1300여 년 전인 647년에 세워졌습니다. 국보(31호)로 지정되어 있음은 물론, 동양에서 가장 오래된 천문대로 평가되고 있습니다.

그런데 어느 날 갑자기 '첨성대는 천문대가 아니다'라는 주장이 나왔습니다.

그들의 주장에 따르면 첨성대는 제사를 지내던 제단이거나 불교에서 말하는 가장 성스러운 산인 수미산을 본뜬 상징물이라는 것입니다. 도대체 어떤 주장이 맞는 걸까요?

물음에 대한 답을 찾기 위해 먼저 첨성대에 대한 기록부터 살펴 보도록 하지요.

첨성대는 약 9미터의 몸체에 가운데 한 변의 길이가 1미터인 정사각형 창문이 나 있는 병 모양의 구조물입니다. 이런 첨성대에 대한 기록이 처음 나오는 것은 〈삼국유사〉입니다. 삼국유사에는 '선덕여왕 때 돌을 다듬어서 첨성대를 쌓았다는 기록이 있다'라고 적혀 있습니다. 하지만 그 기록을 어디서 보았는지는 나타나 있지 않습니다.

그래서인지 1970년대에는 첨성대는 천문대가 아닐 것이라는 주장이 나오기 시작했습니다. 그 근거로는 먼저, '첨성대에 나 있는 창문으로 과연 사람이 매일 드나들었을까?' 하는 것입니다. 아무리 사다리를 놓고 오르내렸다고 해도 그 창문은 사람이 드나들기에 여간 불편한 구조가 아니니까요. 또 다른 근거는 '땅에서 겨우 9미터쯤 올라간 곳에서 관측하는 것이 도움이 되었겠느냐?'하는 점입니다. 9미터 정도의 첨성대보다는 차라리 높은 산에 올라가서 관측하는 것이 더 좋지 않았겠느냐 하는 것이지요. 이런 이유를 들어 첨성대는 천문대가 아니라 천문이나 수학의 원리를 반영한 상징적인 탑이라고 주장하는 것입니다.

그러면 첨성대가 보여 주고 있는 상징에는 어떤 것들이 있을까요?

앞의 이야기에서도 설명했듯이, 첨성대는 27단으로 되어 있습니다. 그런데 선덕여왕은 신라 제27대 왕입니다. 이렇게 보면 첨성대가 선덕여왕 때에 만들어진 것은 분명하지요?

여기에 맨 위에 얹혀진 정(井)자 모양의 돌을 합치면 28단, 즉 기본 별자리수인 28수를 상징합니다. 그리고 또 첨성대를 받치고 있는 맨 밑의 기단석을 합치면 29, 이는 음력의 한 달에 해당하지요.

몸체 중앙에 난 네모난 창을 기준으로 보면 창 위로 12단, 아래로 12단이 됩니다. 이것은 일년 열두 달을 가리킬 뿐만 아니라, 이 둘을 합치면 춘분, 하지 하는 24절기를 나타내지요. 이뿐만이 아닙니다. 첨성대에 사용된 돌의 개수는 대략 365개로 일 년의 날수가 되지요. 이렇게 보면 첨성대는 하나의 상징적인 구조물로 보이기도 합니다.

이처럼 첨성대를 보는 시각은 조금씩 다릅니다. 첨성대에 관한 정확한 기록이 없기 때문에 어느 주장이 맞는지 알 수도 없고 또, 앞으로도 해답을 찾지 못할 수도 있습니다.

그러나 여기서 짚고 가야 할 것은 바로 '첨성대'라는 이름입니다. 첨성대는 '별을 관측하는 건조물'로 풀이됩니다. 이 첨성대란 이름 때문에 고려 시대부터 지금까지도 첨성대가 천문대라는 것을 그대로 받아들이게 된 것입니다.

경주첨성대 신라 선덕여왕 때 쌓은 천문 기상 관측대. 〈삼국유사〉의 기록에 따라 세계에서 가장 오래된 천문대이다. 국보 제31호.
높이 9.17m, 윗지름 3.1m, 아랫지름 5.17m.

초등학생이 가장 궁금해 하는 우리 역사 베스트

처용이 아라비아인이었다고요?

신라 제49대 헌강왕 때의 일입니다.

하루는 헌강왕이 신하들을 거느리고 놀이를 나갔다가 물가에서 쉬고 있었습니다. 그런데 갑자기 짙은 안개가 피어올라 대낮인데도 앞을 분간할 수가 없게 되었습니다. 놀란 헌강왕이 날씨를 점치는 신하를 불러 어떻게 된 일인지 알아보게 했습니다.

"이는 동해의 용왕이 심술을 부렸기 때문입니다. 용왕을 위해 좋은 일을 베풀겠다고 약속을 하시면 안개가 곧 걷힐 것입니다."

"그렇다면 용왕을 위해 이 근처에다 절을 짓도록 하겠다."

이렇게 약속을 하자 순식간에 안개가 걷혔습니다. 그리고 잠시 후, 파도가 높게 일더니 용왕이 일곱 아들을 데리고 불쑥 나타났습니다. 용왕은 아들들과 함께 춤을 추고 아름다운 음악을 연주했습니다. 연주가 끝나자 헌강왕이 용왕에게 말했습니다.

"당신의 아들 중 한 명을 나에게 줄 수 없겠소?"

"그러시지요."

헌강왕은 일곱 아들 중에서 한 명을 궁궐로 데려왔습니다. 그리고 그에게 처용이라는 이름을 지어 주고 벼슬을 내려 나라 일을 돕게 했습니다.

어느 날 헌강왕은 신하들에게 명령했습니다.

"처용의 아내가 될 만한 사람을 찾아보시오."

신하들은 수소문 끝에 매우 아름다운 여자를 찾아 냈습니다. 그리고 처용은 그 여자와 곧 결혼을 했습니다.

그런데 처용의 아내는 얼마나 아름다웠는지 귀신들까지도 그녀를 사랑했습니다.

하루는 처용이 혼자 보름달을 구경하며 한가롭게 산책을 하고 있었습니다.

그런데 그 틈을 타서 사람의 몸으로 변한 귀신이 처용의 아내가 있는 방으로 들어갔습니다. 산책 나갔던 처용이 집에 들어와 보니 자기 아내 옆에 어떤 사람이 누워 있는 게 보였습니다. 그러자 처용은 아무 말 없이 방을 나와서 춤을 추며 노래를 불렀습니다.

"서라벌 달 밝은 밤에 혼자 거닐다가 집에 돌아와 보니……. 나의 아내를 빼앗겼으니 어찌하면 좋을까."

이 노래를 들은 귀신은 처용의 너그러운 마음에 감동하여 무릎을 꿇고 빌었습니다.

"내가 당신의 아내를 너무나 사랑한 나머지 그만 잘못을 저지르고 말았습니다. 이제부터는 당신의 얼굴을 그린 그림만 봐도 그 집 문 안에는 들어가지 않겠습니다."

그 뒤로 신라 사람들은 너도나도 처용의 얼굴을 그려 대문에 붙였습니다.

이때부터 신라에는 나쁜 귀신과 질병이 모두 사라지고 좋은 일만 생겼다고 합니다.

'처용'이라고 들어 봤어? 옛날 사람들은 처용을 질병이나 나쁜 귀신을 쫓는 신으로 믿었다고 해. 그런데 이건 어디까지나 처용 설화를 그대로 믿었을 때만 나올 수 있는 얘기야. 하지만 처용 설화를 그대로 믿기에는 내용이 좀 황당해? 그래서인지 아직까지도 '처용이 누구인가?'라는 의문은 시원하게 풀리지 않고 있어.
우리도 '처용은 도대체 어떤 인물이었을까' 한 번 생각해 볼까?

궁금한 우리 역사 찾기

신라 사회의 모습이 담긴 처용 설화

처용은 무당인가?

민속학자들은 처용을 무당으로 보았습니다. 처용은 용을 모신 곳에서 제사를 지내던 무당이었는데, 그가 왕을 따라 궁궐로 들어간 것은 처용이 최고의 무당으로 대접받았다는 것입니다. 또, 사람들이 처용의 그림을 붙인 것을 '제웅'과 연결시키기도 합니다. 제웅 풍습은 짚으로 사람의 형상을 만들어 음력 1월 14일 저녁에 버리면 그 해의 나쁜 일을 막을 수 있다는 풍습입니다.

처용은 지방 호족의 아들인가?

역사학자들은 처용 설화를 당시 신라 사회가 처해 있던 상황과 관련시켜서 해석합니다. 처용을 지방 호족(지방 세력가)으로 보는 것입니다.

그 무렵 신라의 귀족들은 자신들의 약해진 권위를 유지시키기 위해 지방 세력을 자신의 편으로 만들려고 했습니다. 그래서 지방 호족의 자제들에게 벼슬을 주어 그 세력이 더 이상 커지는 것을 막으려고 했습니다. 이런 시대적인 상황에서 보면 처용이 지방 호족의 아들이었다는 주장도 무리는 아닙니다.

처용무 9세기 신라 헌강왕 때 처용에서 비롯된 춤으로 아내를 빼앗은 역신을 쫓는 내용이다.

처용은 아라비아인인가?

처용을 보는 가장 독특한 주장은 처용을 아라비아인으로 보는 것입니다. 이 주장은 처용 설화를 신라 시대의 국제교류와 연결시킨 것입니다.

아라비아인들은 당나라 때부터 중국, 인도, 동남 아시아를 잇는 바닷길을 왕래하면서 장사를 했습니다. 당시 신라와 당나라를 잇는 뱃길에는 울산이나 포항에서 시작해서 남해안, 서해안의 흑산도, 중국으로 이어지는 경로가 있었습니다. 이 항로라면 아라비아인들이 신라에도 들렀을 거라고 짐작할 수 있습니다.

그런가 하면 〈삼국사기〉에는 '왕이 나라 동쪽을 둘러 볼 때 어디서 왔는지 알 수 없는 네 사람이 왕 앞에서 노래를 부르고 춤을 추었다. 그런데 그 모습이 무섭게 생기고 차림새가 괴상했다.'는 기록이 있습니다. 또, 경주 괘릉에서 볼 수 있는 무인석은 우람한 체격에 높은 코, 파마한 것 같은 콧수염 등 아라비아인의 모습에 가깝습니다. 이런 여러 가지 자료들은 처용이 아라비아인이었다는 주장을 뒷받침해 주고 있습니다.

사실 처용 설화는 황당한 내용입니다. 하지만 우리가 처용 설화를 통해 당시의 사회 모습을 이해하는 것만으로도 충분한 가치가 있지 않을까요?

초등학생이 가장 궁금해 하는 우리 역사 베스트

이차돈이 죽을 때 흰 피를 흘리고 꽃비가 내렸나요?

신라 제23대 법흥왕 때의 일입니다.

하루는 법흥왕이 여러 신하들에게 이렇게 말했습니다.

"나는 백성들이 복을 받아 평화롭게 살기를 원하오. 그러기 위해서는 불교를 받아들여 부처를 섬겨야 할 것이오."

그러나 신하들은 아무도 그러한 왕의 뜻을 헤아리지 못했습니다. 그래서 왕은 한숨을 쉬며 탄식을 했습니다.

'나는 불교를 통해 백성들에게 마음의 평화를 주고 싶은데 나와 뜻을 같이 할 사람이 아무도 없단 말인가?'

그런데 왕의 그러한 마음을 잘 이해하고 있는 사람이 있었습니다. 바로 이차돈이었습니다. 그는 왕의 뜻을 알아차리고 이렇게 아뢰었습니다.

"신은 나라와 폐하를 위해 목숨을 바치고자 결심했습니다. 제게 폐하의 뜻을 거역했다는 죄명을 씌워 저의 목을 베게 하십시오. 그러면 모든 백성들이 왕의 말씀을 따르게 될 것입니다."

하지만 법흥왕은 이차돈의 뜻을 받아들이지 않았습니다.

"나의 뜻은 모든 백성을 평화롭게 하자는 것인데 어찌 죄없는 사람을 죽일 수 있겠는가? 그리 할 수는 없다."

그러나 이차돈은 뜻을 꺾지 않고 다시 아뢰었습니다.

"저 하나 죽음으로써 불교가 널리 퍼지고 모든 백성이 불교를 믿게 된다면 나라는 물론 폐하의 마음도 편안해 질 것입니다."

84 한국사를 부탁해

그 다음 날부터 이차돈은 왕의 명령이라며
절을 짓기 시작했습니다. 그러자 신하
들은 임금님에게로 달려갔습니다.

"우리 신라는 조상들의 덕으로 이
만큼 융숭해졌는데 조상을 버리고
부처님을 섬긴다는 건 있을 수 없
사옵니다."

"이차돈에게 절을 짓도록 하신 것은 올
바른 처사가 아닌 줄 아옵니다."

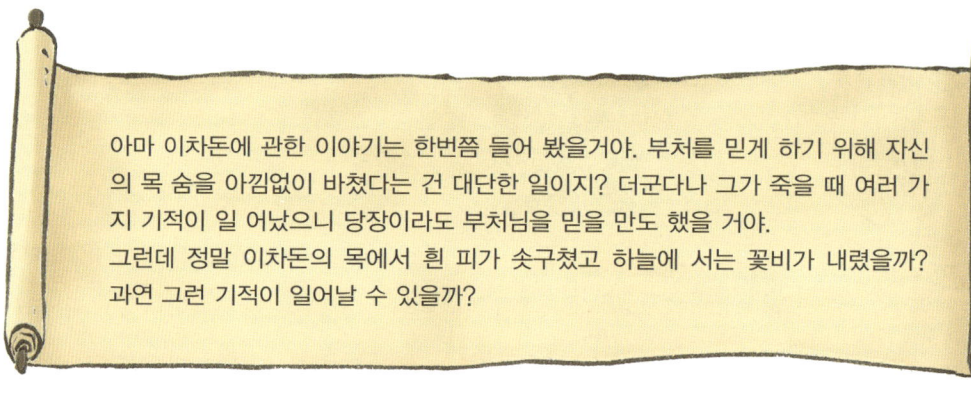

신하들은 모두 입을 모아 절을 세워서는 안 된다고 말했습니다. 그러자 왕은 화를 내
는 체하며 큰 소리로 말했습니다.

"나는 그런 명령을 내린 적이 없소. 거짓말을 퍼뜨린 자가 누구인지 당장 잡아다가 엄
벌에 처하도록 하시오."

마침내 이차돈의 목이 베어졌습니다. 그때 이상한 일이 일어났습니다. 잘린 이차돈의
목에서 하얀 피가 하늘 높이 솟아오르는 것이었습니다. 그리고 갑자기 사방이 어두워지
더니 꽃비가 내리고, 땅이 뒤흔들리며 동물과 식물이 크게 슬퍼했습니다.

아마 이차돈에 관한 이야기는 한번쯤 들어 봤을거야. 부처를 믿게 하기 위해 자신
의 목 숨을 아낌없이 바쳤다는 건 대단한 일이지? 더군다나 그가 죽을 때 여러 가
지 기적이 일 어났으니 당장이라도 부처님을 믿을 만도 했을 거야.
그런데 정말 이차돈의 목에서 흰 피가 솟구쳤고 하늘에 서는 꽃비가 내렸을까?
과연 그런 기적이 일어날 수 있을까?

궁금한 우리 역사 찾기

법흥왕과 불교를 위해 희생된 이차돈

국립 경주박물관에 가면 '백률사석당기'가 전시되어 있습니다. 연꽃을 조각한 돌 위에 1미터 정도 높이의 돌기둥을 얹어 놓은 것인데, 그곳에는 이차돈이 처형당하는 모습이 새겨져 있습니다. 한 사람이 팔짱을 끼고 서 있는데 잘린 목에서는 피가 솟구쳐 오르고 하늘에서는 꽃비가 내리고 있는 모습입니다.

그리고 비문에는 그러한 처형 장면이 새겨져 있습니다.

그런데 정말 이와 같은 기적이 일어났던 것일까요?

이차돈의 처형 장면이 새겨진 비문은 사건이 있은 한참 뒤인 통일 신라 시대에 새겨진 것입니다. 특히, '잘린 목에서 흰 피가 올라왔다'는 부분은 중국에서 번역되어 건너 온 불교책들에서도 쉽게 찾을 수 있는 걸 보면 아무래도 그것에서 따온 것으로 짐작할 수 있습니다. 아니면 그의 죽음에 감동을 받은 사람들의 이야기가 시간이 흐르는 동안 덧붙여진 것일 수도 있겠습니다.

백률사석당기 이차돈의 목에서 흰피가 솟구치고 꽃비가 내리는 모습이 새겨져 있다. 왼쪽 그림은 조형물의 모사도. (경주 국립박물관)

그렇다면 이런 이야기들에 숨어 있는 실제 사건은 어떤 것일까요?

이야기에서처럼 불교가 신라에 처음 들어왔을 땐 귀족들의 반대

86 한국사를 부탁해

가 컸습니다.

신라 초기에는 토착 귀족의 세력이 강했습니다. 국가의 큰 일을 귀족 회의인 화백 회의에서 결정할 정도였지요. 귀족들은 저마다 자신들이 하늘신의 자손이라며 자신들의 지배를 합리화시켰습니다. 또 자신들의 성지를 정해 두고 그곳을 중심으로 다스렸습니다.

이차돈 신라 법흥왕 때의 승려(506 ~ 527)

그런데 신라가 차츰 고대 국가의 틀을 갖추어 가면서 귀족 세력은 약해졌습니다. 신라 왕들이 영토를 확장하고 기본 법령을 만들고 제도를 정비해 가는 과정은 강력해진 왕의 권한으로 이루어졌기 때문입니다. 이렇게 왕을 중심으로 국가 체제가 확립되자 왕에 대한 충성이 강조되었습니다. 이때 들어온 종교가 바로 불교였습니다.

불교는 하늘과 땅에 있는 모든 신을 믿고 제사 지내야 한다는 민간 신앙보다 차원이 높은 사상이었습니다. 또, 불교의 교리에는 왕을 중심으로 국가 체제를 갖추어야 한다는 내용도 있었습니다. 이런 점은 자신이 하늘의 자손이라고 내세우는 귀족들의 입장과는 아주 다른 것이었지요. 그러니 귀족들은 불교를 반대할 수밖에 없었습니다.

이런 상황을 들여다보면 신라자 불교를 받아들인 데에는 정치적인 목적이 강했습니다. 불교를 택하느냐 아니냐의 결정은 어느 세력이 권력을 잡느냐와 관련이 있었거든요. 이런 정치적 소용돌이에서 이차돈은 매우 강한 성격을 보였습니다. 당시 귀족들의 성지였던 천경림의 나무를 베고 그곳에다 왕의 명령이라며 흥륜사라는 절을 지으려고 했으니까요. 하지만 이 일은 귀족 세력들의 강한 반발을 불러일으켰습니다. 할 수 없이 그는 책임을 지고 처형당하게 되었지요. 결국 이차돈은 정치적 목적에 희생되었다고도 볼 수 있습니다.

아무튼 이차돈의 죽음으로 신라는 불교를 받아들였습니다. 그러니 불교 쪽에서는 이차돈을 신비화시킬 만도 했겠지요. 그가 죽자 그의 명복을 기리기 위해 경주에 백률사를 세웠고, 앞의 이야기를 새긴 순교비도 만들어졌습니다.

초등학생이 가장 궁금해 하는 우리 역사 베스트

우리나라에
남북국 시대가 있었다고요?

고구려가 멸망한 후 고구려 사람들은 여러 곳으로 흩어지거나 강제로 당나라에 끌려 갔습니다. 대조영도 아버지와 함께 당나라의 영주 지방에 끌려 와 살고 있었습니다. 영주에는 고구려 유민 이외에도 말갈인, 거란인 등 여러 종족들이 당나라의 감시 아래 힘겹게 살아가고 있었습니다.

696년, 거란의 한 사람이 영주 지방에서 난을 일으켰습니다.

"당나라가 난을 수습하느라 정신이 없는 이때를 놓쳐서는 안 된다."

대조영의 말에 말갈인을 이끌고 있는 걸사비우는 떨리는 목소리로 대답했습니다.

"이미 사람들에게 탈출할 채비를 하라고 일러 두었소."

"자, 그럼 출발을 서두릅시다!"

대조영과 걸사비우는 고구려 유민과 말갈 유민을 이끌고 동쪽으로 향했습니다.

뒤늦게 탈출 소식을 들은 당나라에서는 군사를 풀어 이들을 뒤쫓았습니다.

그러자 대조영은 당나라 군사들과 맞붙기로 마음을 굳혔습니다.

'나는 고구려 장군 출신이다. 말갈족과 힘을 합쳐 당나라 군사를 기습 공격한다면 이길 수 있을 것이다.'

대조영은 천문령 고개에 병사들을 숨기고 당나라 군대를 기다렸습니다. 얼마 지나지 않아 당나라 군대가 고개를 막 넘어오기 시작했습니다. 그때 대조영은 큰 소리로 명령을 내렸습니다.

"활을 쏘아라!"

산 위에서 고갯길을 양쪽으로 포위하고 있던 고구려, 말갈 사람들은 일제히 화살을 날

렸습니다.

"아니 저게 뭐야?"

순식간에 포위당한 당나라 군사들은 도망치기에 바빴습니다.

"막강한 당나라 군대를 우리가 물리쳤다!"

천문령 전투에서 승리한 병사들은 다시 길을 떠났습니다. 그리고 고구려 옛 땅인 계루부 지역의 동모산 기슭에 자리를 잡았습니다.

698년, 대조영은 그곳에서 발해를 세우고 스스로 왕위에 올랐습니다.

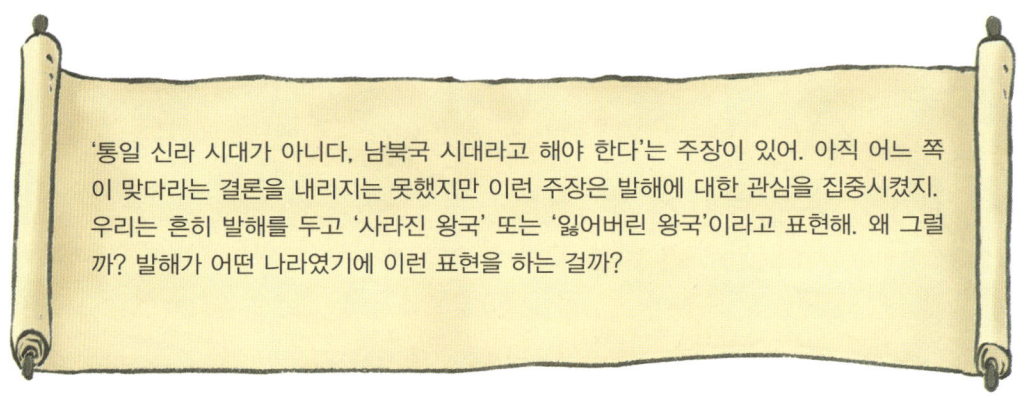

'통일 신라 시대가 아니다. 남북국 시대라고 해야 한다'는 주장이 있어. 아직 어느 쪽이 맞다라는 결론을 내리지는 못했지만 이런 주장은 발해에 대한 관심을 집중시켰지. 우리는 흔히 발해를 두고 '사라진 왕국' 또는 '잃어버린 왕국'이라고 표현해. 왜 그럴까? 발해가 어떤 나라였기에 이런 표현을 하는 걸까?

궁금한 우리 역사 찾기

남쪽에 신라, 북쪽에 발해가 있었던 남북국 시대

우리의 역사를 시대 순서대로 말해 보라면 거의 모두가 '고조선, 삼국 시대, 통일 신라 시대, 고려 시대, 조선 시대……'라고 말할 것입니다. 하지만 이런 순서가 반드시 옳은 것은 아닙니다. 왜냐면 이러한 순서 속에는 '발해'라는 나라의 존재가 묻혀 있기 때문입니다.

발해는 고구려 유민들이 세운 나라입니다. 고구려가 멸망한 뒤에도 고구려 유민들은 나라를 되찾으려고 노력했습니다. 그 결과 30년이 채 되지 않아 '발해'라는 나라를 세우고 고구려를 계승하게 되었습니다.

대조영은 발해를 건국하자 곧 신라에 사신을 파견했습니다. 이때 신라는 대조영에게 대아찬의 벼슬을 내렸습니다. 발해를 자기들의 영향 아래 두겠다는 의도였습니다.

그런데 무왕이 즉위하면서 발해는 무섭게 성장했습니다. 당나라는 물론 신라까지도 긴장해야 했을 정도였습니다. 그러다가 발해와 당나라 사이에 전쟁이 벌어지자 당나라는 신라를 끌어들였습니다. 이 일로 신라와 발해는 사이가 멀어지게 되었습니다. 하지만 문왕이 즉위하면서 당나라, 신라, 발해 사이의 긴장감은 서서히 가라앉았습니다. 이때 신라는 북쪽에 있는 나라라는 의미로 발해를 '북국'이라 부르면서 사신을 파견하기도 했습니다.

그러면서도 두 나라는 당나라로부터 인정받기 위해 자존심 경쟁을 벌이기도 했습니다. 당나라에서 외국 사신을 접대할 땐 서로 윗자리에 앉으려 다투었고, 당나라가 외국인에게 응시하게 했던 과거 시험에서는 서로 일등을 차지하기 위해 경쟁을 벌이기도 했습니다. 이처럼 신라와 발해는 서로 교류, 경쟁 또는 대립하면서 약 220여 년간 함께 존재했습니다.

그러나 발해가 거란족에게 망하고 신라가 고려에 흡수되면서 두 나라의 운명은 너무나 달라졌습니다. 신라는 고려라는 왕조의 교체로 역사가 이어졌지만, 발해는 계승되지 않은 채 멸망함으로써 사라진 왕국이 되고 말았던 것입니다.

하지만 발해는 조선 후기에 이르러 주목을 받게 되었습니다. 조선 후기 실학자 유득공은 〈발해고〉에서 이렇게 말했습니다.

'백제가 망하고 고구려가 망하자 신라가 남쪽을 소유하고 발해가 북쪽을 소유하였으니 이것이 바로 남북국이다. 마땅히 남북국 역사가 있어야 하는데 고려가 발해 역사를 편찬하지 않은 것은 잘못이다.'

또, 김정호는 〈대동지지〉에서 이렇게 주장했습니다.

'발해가 다시 고구려의 옛 땅을 이어받아 신라와 더불어 200여 년 동안 남북국을 이룬 지 다시 200여 년이 되었다. 고려 태조가 남북국을 하나로 통일하였다.'

그 후, 1970년대에 들어와 어떤 학자가 '신라와 발해가 함께 존재했던 시기를 남북국 시대라고 해야 한다.'고 주장했습니다. 신라와 발해를 같은 무게로 다루어야 한다는 내용이었습니다.

발해는 분명 우리 민족의 일부분이었습니다. 그럼에도 불구하고 중국에서는 발해가 당나라의 한 지방이었다고 주장하고, 러시아에서는 발해 유적을 자기들 땅에 존재했던 소수 민족의 것이라고 주장하고 있습니다.

이제부터라도 발해가 역사의 정당한 자리를 차지하여 더 이상 잊혀진 왕국이 되지 않도록 해야 하지 않을까요?

발해 석등 높이 6.4m의 거대한 석등으로, 발해의 수도였던 상경성의 절터에 서 있다.

초등학생이 가장 궁금해 하는 우리 역사 베스트

궁예의 부하였던 왕건이 어떻게 후삼국을 통일할 수 있었나요?

어느 봄날, 당나라 장사꾼 왕창근이 시장을 거닐고 있었습니다. 그는 시장에서 머리가 하얀 노인을 만났는데, 노인은 오른손에 오래 된 거울을 들고 왕창근에게 다가와 말을 걸었습니다.

"이 거울을 사지 않겠소?"

왕창근은 노인의 차림새와 거울을 이상하게 생각하고는 비싼 값을 치르고 거울을 샀습니다. 햇빛이 비치자 거울에서 짤막한 글이 나타났습니다.

'글자는 읽을 수 있는데, 무슨 뜻인지 모르겠네…….'

왕창근은 거울을 들고 학식 있는 선비를 찾아갔습니다.

"송악(지금의 개성) 사람이면서 용(龍)자 이름을 가진 사람의 자손이 왕이 된다……, 그렇다면 왕건?"

선비들의 얼굴에 갑자기 긴장감이 돌았습니다.

"지금 임금이 마침내는 망하고 또 왕건이 나라를 얻은 뒤에 압록강까지 정복한다는 내용도 있습니다."

거울에 쓰인 글의 의미를 모두 풀이한 선비들은 의견을 모았습니다.

"이 일이 임금께 알려져서는 절대로 안 되오. 질투가 많고 의심이 많아 왕건이 무사하지 못할 것이오. 그러니 조용하게 일을 꾸며 보도록 합시다."

임금인 궁예는 백성들의 마음에서 떠난 지 오래였습니다. 궁예의 포악한 성격 때문에 조정은 늘 살벌했고, 뜻 있는 신하들은 새 세상을 꿈꾸고 있었습니다. 이러한 상황에서 몇몇 신하들이 왕건의 집을 찾아갔습니다.

92 한국사를 부탁해

"긴히 드릴 말씀이 있습니다. 지금 나라꼴이 말이 아닙니다. 임금은 신하들을 무참히 죽이고 백성들은 임금을 원수처럼 미워하고 있지 않습니까? 그러니 포악한 임금을 몰아내고 어진 임금을 세워야 할 때라고 생각합니다. 그래서 우리는 당신을 왕으로 세우기로 했소."

그 말을 들은 왕건은 펄쩍 뛰었습니다.

"임금이 비록 포악하다고는 하나 나는 충성을 다하려 합니다. 또한, 나는 혁명을 일으킬 만한 그릇도 못 되오!"

그런데 그때였습니다. 밖에서 모든 것을 듣고 있던 왕건의 부인이 갑옷을 들고 방으로 뛰어들었습니다.

"우리 역사에 포악한 임금을 물리친 일은 얼마든지 있습니다. 대장부인 당신이 어찌 망설이는지요?"

부인이 갑옷을 입히자 여러 장수들이 왕건을 둘러싸고 밖으로 나왔습니다.

이미 문 밖에는 백성들이 구름처럼 모여 있었습니다.

왕건은 포악한 왕 궁예를 몰아내고 새로운 왕이 되었어. 그가 후삼국을 통일함으로써 통일 신라 때보다 훨씬 넓은 영토를 차지하게 되었어.
그런데 왕건은 어떻게 만만치 않은 경쟁 상대를 누르고 후삼국을 통일할 수 있었을까?

궁금한 우리 역사 찾기

너그러움과 포용력으로
후삼국을 통일한 왕건

통일 신라는 말기에 이르자 하루가 다르게 몰락해 가고 있었습니다. 대궐에서는 치열한 왕위 다툼이 벌어졌고, 귀족들은 사치에 빠져 정신을 차리지 못했습니다. 또 백성들은 살기가 힘들어 떠돌이 생활을 하거나 더러는 도적이 되었습니다. 그런가 하면 지방에서는 힘있는 세력가(호족)들이 병사를 거느리고 신라 조정과는 관계없이 그 지역을 다스리기 시작했습니다.

이러한 상황에서 신라에 반대하고 저항하는 세력이 전국에서 난을 일으켰습니다. 궁예와 견훤은 이러한 세력을 모아 각각 후고구려와 후백제를 세웠던 것입니다. 이 시기를 '후삼국 시대'라고 합니다.

그런데 후삼국은 궁예나 견훤에 의해 통일되지 않았습니다. 궁예의 부하였던 왕건에 의해 통일되었습니다. 왕건은 어떻게 이들을 물리치고 후삼국을 통일할 수 있었을까요?

당시 후삼국을 통일할 수 있는 사람은 신라 말기의 문제를 해결할 수 있어야 했습니다. 하지만 궁예나 견훤은 그럴 만한 인물이 아니었습니다.

옛 고구려 땅에 후고구려(후에 태봉이라 고침)를 세운 궁예는 종교를 이용한 정치를 하려고 했습니다. 자신이 스스로 백성을 구원할 부처라고 주장하면서 부처 행세를 했습니다. 하지만 백성들의 삶은 나아지지 않았습니다. 게다가 그는 점차 의심이 많고 포악해져서 많은 신하들을 죽이는가 하면 자신의 아내와 아들까지도 죽였습니다. 또, 신라를 미워해서 신라에서 건너온 사람들을 모조리 죽였습니다.

개태사 936년, 왕건이 후백제를 무너뜨리고 후삼국을 통일한 뒤 이를 기념하여 세운 절. 충청 남도 논산시.

견훤은 궁예와 같은 시기에 무리를 모아 완산주(지금의 전주)를 도읍으로 정하고 후백제를 세웠습니다. 그는 군사력만 믿고 전쟁을 통하여 후삼국을 통일하려고 했습니다. 전쟁에 지친 백성들을 더욱 괴롭히는 일인 줄은 미처 몰랐던 것이었습니다. 또 자신이 신라의 신하였으면서도 신라의 경애왕을 죽이는 어리석음을 범했습니다. 게다가 견훤의 아들들이 서로 왕위를 놓고 싸움을 벌이는 바람에 내부 분열이 일어났습니다.

이러한 일은 신라 사람뿐 아니라 다른 지역 사람들의 마음까지도 그로부터 떠나게 했습니다.

그러나 왕건은 이들과 달랐습니다. 먼저 백성들의 고통을 덜어줄 수 있는 정책을 펼쳤습니다. 수확의 반을 세금으로 바치던 법을 바꾸어 수확의 10분의 1만 세금으로 내도록 했고, 억울하게 노비가 된 사람들을 풀어 주었습니다.

그가 두 번째로 한 일은 지방 호족들을 자기 편으로 끌어들인 것입니다. 견훤처럼 군사력으로 그들을 공격하기보다는 그들을 위한 정책을 폈습니다. 골품 제도에 한이 맺힌 호족에게 관직을 주고, 자신의 성과 같은 왕씨 성을 주기도 했습니다. 그러면서 그들의 딸과 결혼함으로써 그들의 힘이 자신에게로 쏠리도록 했습니다.

그리고 신라 사람들에게 관대했습니다. 견훤이 신라 경애왕을 죽일 때 왕건은 왕을 구하려다 죽을 뻔하기도 했는데 이런 그의 태도는 신라 사람들의 마음을 사기에 충분했습니다. 그래서 쉽게 신라를 흡수할 수 있었고 이들의 도움으로 후백제를 공격하여 마침내 후삼국을 통일할 수 있었습니다.

초등학생이 가장 궁금해 하는 우리 역사 베스트

고려 사람들은
왜 내시가 되려고 했나요?

고려 시대에 있었던 일입니다.

몇 년째 흉년이 들어 백성들은 살기가 매우 어려웠습니다. 그래서 더러는 살던 마을을 떠나 다른 곳으로 이사를 가기도 했고, 어떤 사람들은 도둑질을 해서 끼니를 겨우 이어 가기도 했습니다.

그런 가운데 개성 근처의 어느 마을에서는 이상한 소문이 돌았습니다.

"아무리 살기가 어려워도 그렇지, 어떻게 자식을 그 지경으로 만들 수가 있어?"

"누가 아니래. 자식 덕 좀 보겠다고 멀쩡한 자식을 병신으로 만들어? 죄 받지. 암, 죄 받고 말고."

"에이, 일이 잘 안돼서 그렇지 어디 자식 죽이자고 한 일인가? 잘만 하면 돈도 벌고 권세도 누릴 수 있다던데……."

"왜 아들을 궁궐로 보낸 뒤 한밤중에 이사 가 버린 끝순이네 말이야. 지금은 개성에서 큰소리 떵떵 치면서 산다지 뭔가?"

마을 사람들은 선구네 얘기를 하는 중이었습니다. 선구네 집은 아들만 넷이었는데 어느 날 갑자기 그 집 막내 아들이 죽었습니다. 갑작스런 일이라 마을 사람 모두 궁금해하고 있었는데 하루는 선구 아버지가 술을 마시고 모든 일을 말해 버렸습니다.

"내가 죽일 놈이여. 자식 덕 좀 보자고 생때 같은 자식을 죽였으니! 내가 그 놈 씨주머니 없앤다고 설치지만 않았어도……. 나 같이 모진 놈은 그냥 죽어 버려야 혀."

선구네 집은 몇 달 전에 이 마을로 이사를 왔습니다. 가난에 시달리다가 빚만 잔뜩 지고 살던 마을을 떠나온 처지였지요. 그런데 어느 날 선구 아버지는 내시에 관한 얘기를

들었습니다.

'나도 아들 하나 없는 셈치고 궁궐로 들여보낼까? 혹시 알아, 아들 덕에 팔자 고칠지?'

"궁궐만큼 넓은 집에서 사는 내시도 있다며? 권력도 있어서 자리 하나 얻으려고 보석이며 엽전을 들고 그 집을 들락거리는 사람들도 많다는구먼."

아들을 내시로 들여보내면 땅도 얻고 또 잘만 하면 아들 덕에 팔자도 고친다는 말에 선구 아버지는 귀가 솔깃해졌습니다.

'거세를 한다고 해서 죽는 것도 아니고, 아들 덕에 온 식구가 끼니 걱정 안 하고 살 수 있다면……'

그래서 선구 아버지는 아직 세상 물정 모르는 막내 아들을 내시로 만들기 위해 거세를 했습니다. 하지만 일이 잘못되어 막내 아들은 그만 죽고 말았습니다. 그날 이후로 선구 아버지는 매일밤 잠을 설치다가 정신나간 사람처럼 여기저기 쏘다녔습니다. 이 일은 입에서 입으로 퍼져 개성 근처에는 모르는 사람이 없을 정도였다고 합니다.

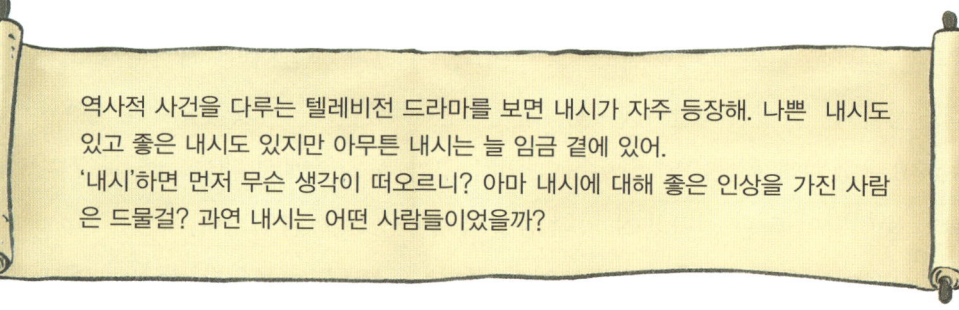

역사적 사건을 다루는 텔레비전 드라마를 보면 내시가 자주 등장해. 나쁜 내시도 있고 좋은 내시도 있지만 아무튼 내시는 늘 임금 곁에 있어.
'내시'하면 먼저 무슨 생각이 떠오르니? 아마 내시에 대해 좋은 인상을 가진 사람은 드물걸? 과연 내시는 어떤 사람들이었을까?

궁금한 우리 역사 찾기

부와 권력을 가질 수 있었던 고려의 내시

내시란 거세된 남자 내관을 가리키는 말입니다. 환관이라고도 부르지요. 그런데 이들은 어떤 사연으로 내시가 되었을까요?

처음엔 개에게 생식기를 물려 불구가 된 사람을 내시로 썼습니다. 그땐 왕을 가까이 모시는 것 이외엔 아무런 활약이 없었습니다.

그러나 세월이 흐르면서 내시는 높은 벼슬을 얻거나 권세를 누리기 시작했습니다. 그도 그럴 것이 내시들은 늘 왕 가까이 있었기 때문에 왕의 속마음을 훤히 들여다볼 수 있었습니다. 그러다 보니 권력을 얻으려는 사람들이 내시를 찾아가서 뇌물을 바치고 청탁을 하는 일이 잦았습니다. 자연히 내시는 재물을 모을 수 있었고, 왕을 위로하거나 나라 일에 가끔 참견하면서 세력을 갖게 되었던 것입니다.

〈고려사〉에는 쉽게 권력을 얻으려는 사람들이 내시가 되기를 원하여 아버지가 아들을 거세하고 형이 아우를 거세하는 일이 아주 흔했다고 적혀 있습니다.

그만큼 내시가 사람들이 부러워 할만한 재물과 권력을 얻었던 것입니다.

고려 시대에는 내시를 환관이라고 불렀는데 환관의 세력은 대단했습니다.

의종 때 환관 정함은 행랑채만 200여 개가 되는 큰 집에 살면서 사치를 부렸고, 백선연이라는 환관은 권력을 이용해서 갖은 횡포를 부렸다고 합니다. 거기다가 고려가 원나라의 간섭을 받기 시작하면서 환관들의 횡포는 걷잡을 수가 없었습니다. 원나라에서는 환관을 요구했는데 원나라의 황실로 들어간 그들은 임금에게 대들 정도로 거만을 부렸습니다. 공민왕이 환관 최만생에 의해 암살되었을 정도로 말입니다.

조선 시대에는 내시의 활약이 뜸했지만 더러는 왕의 명령을 거부할 만큼의 강한 권력을 가졌던 내시도 있었습니다.

내시는 가난한 집에서 부모가 어린 자식을 거세해 궁궐에 들여보내 자식 덕을 보는 경우, 먹고 입을 걱정 없고 출세도 할 수 있다는 생각에 스스로 거세하는 경우가 있었습니다.

거세를 하는 방법에는 두 가지가 있었습니다. 하나는 남자의 생식기를 자르는 것인데, 이것은 아무리 조심해도 두 사람에 한 사람은 죽을 만큼 아주 위험한 방법이었습니다. 다른 하나는 남자의 고환을 없애는 방법인데 고환을 없애면 아이를 낳을 수 없기 때문에 이들은 대를 잇기 위해 양자를 들이기도 했습니다.

이렇게 거세라는 비인간적인 방법으로 만들어진 내시 제도는 갑오개혁 이후 폐지되었습니다.

초등학생이 가장 궁금해 하는 우리 역사 베스트

고려 시대 고려장 풍습은
정말 있었나요?

"여보, 올 겨울은 또 어떻게 나지요?"

최씨 부인이 근심이 가득한 얼굴로 남편에게 말했습니다. 최씨는 그런 아내의 얼굴을 보기가 미안해서 슬그머니 밖으로 나갔습니다.

차가운 바람이 가슴을 파고 들었습니다. 그러자 최씨의 마음은 더 복잡해졌습니다. 몇 년째 자리에 누워 계신 아버지, 몸조리도 제대로 못 하고 남의 집 일을 나가는 아내, 젖이 나오지 않아 울어대는 돌도 안 된 아들…… 최씨는 이런 저런 생각에 그저 긴 한숨만 나왔습니다.

최씨는 부엌으로 들어가서 쌀독을 열어 보았습니다.

'이것 가지고는 열흘도 버티기 힘들겠어. 아무리 나물을 섞어 먹어도 말이야.'

최씨는 바닥만 겨우 남은 쌀을 보며 다시 한숨을 내쉬었습니다.

'별 다른 수가 없겠어. 그 방법밖에는…….'

최씨는 무슨 결심을 한 듯 방으로 들어갔습니다. 그러고는 꼼짝없이 누워 계신 아버지를 바라보았습니다.

'아버지, 용서하세요. 우리 식구 겨울을 나려면 아무리 생각해도 이 방법밖에는 없겠어요. 아버지…….'

최씨는 아버지의 손을 잡고 용서를 빌었습니다. 그리고 아버지를 안고 나와서 지게에 앉혔습니다. 최씨는 울음이 복받쳐 올랐습니다.

최씨는 지게를 메고 뒷산으로 올라갔습니다. 아버지는 자신에게 무슨 일이 일어나고 있는지 알고 있는 듯 아무것도 묻지 않았습니다. 최씨의 얼굴은 눈물과 땀으로 뒤범벅이 되어 있었습니다.

최씨가 지게를 내려놓은 곳은 큰 소나무 아래였습니다. 최씨는 아버지에게 큰절을 올리고 또 다시 용서를 빌었습니다. 그리고 아버지 손에 주먹밥을 쥐어 준 뒤 발길을 돌렸습니다. 그때였습니다.

"이 일은 무덤까지 가지고 가거라 누가 알기라도 하면 그 무섭다는 벌을……."

아버지는 아들이 혹시라도 불효죄로 붙잡혀 옥살이를 할까 봐 아주 힘들게 당부를 했습니다. 그러자 최씨는 그만 그 자리에 주저앉고 말았습니다. 그리고 동이 터 올 때까지 꼼짝도 못하고 찬서리를 맞았습니다.

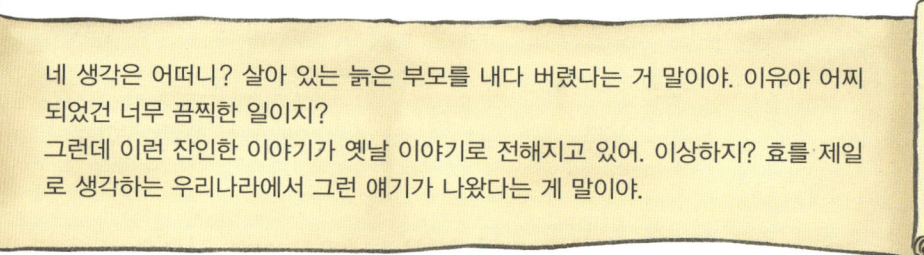

네 생각은 어떠니? 살아 있는 늙은 부모를 내다 버렸다는 거 말이야. 이유야 어찌되었건 너무 끔찍한 일이지?
그런데 이런 잔인한 이야기가 옛날 이야기로 전해지고 있어. 이상하지? 효를 제일로 생각하는 우리나라에서 그런 얘기가 나왔다는 게 말이야.

궁금한 우리 역사 찾기

고려장은 일본이 만들어 낸 거짓말

우리나라 옛날 이야기 가운데 가장 끔찍한 것은 바로 '고려장'에 관한 이야기일 것입니다. 전해지는 얘기에 따르면, 고려 시대에는 늙고 병들어 일할 수 없는 노인들을 버려서 굶어 죽게 하는 풍속이 있었다고 합니다. 구덩이를 파고 살아 있는 사람을 넣은 뒤에 그 사람이 죽으면 꺼내서 장사를 지내거나, 지게에 지고 으슥한 산이나 숲에다 버렸다는 것입니다.

그런데 정말 이렇게 잔인한 풍속이 고려 시대에 있었을까요? 대답부터 말하자면 '없었다'입니다. 살아 있는 늙은 사람을 버렸다는 고려장 풍속은 실제로 있었던 일이 아닙니다. 역사 자료를 아무리 뒤져봐도 '고려장'이라는 단어는 찾아 볼 수가 없으니까요. 고려장은 일본 사람들이 꾸며 낸 이야기입니다.

고려장이라는 말이 쓰이기 시작한 것은 일제 시대부터였습니다. 임진왜란 때 일본인들은 우리 문화재를 훔치는 데 정신이 없었습니다. 그러다가 다시 우리나라가 일본의 식민지가 되자 일본 사람들은 또 다시 우리 문화재에 눈독을 들였습니다. 전국을 샅샅이 뒤져서 조금이라도 문화적 가치가 있어 보이는 물건이면 닥치는 대로 일본으로 가져갔습니다. 물론 헐값에 사들이거나 강제로 **빼앗았**지요.

그러다 보니 얼마 지나지 않아 많은 문화재가 일본으로 건너가게 되었습니다. 그러자 일본 사람들은 우리 조상들의 무덤으로 눈길을 돌렸습니다.

우리나라의 제법 큰 무덤 속에는 장신구나 그릇 같이 귀한 물건들이 함께 묻혀 있다는 것을 알았던 것입니다.

하지만 무덤을 파는 일은 쉽지 않았습니다. 우리나라는 오래 전부터 효를 가장 중요하게 생각해 왔습니다. 그래서 권력 있는 사람들은 무덤을 관리하는 사람을 두고 일반 가정에서도 자손들이 무덤을 관리했습니다. 설혹 주인 없는 무덤이 있다고 하더라도 그 무덤을 함부로 건드리는 일은 없었습니다. 일본 사람들이 아무리 사정을 하고 여러 가지 방법으로 무덤을 파헤치고 했지만 우리 나라 사람들은 넘어가지 않았습니다.

그러자 일본 사람들은 말도 안 되는 이야기를 지어서 퍼뜨렸습니다.

"조선에는 고려 시대부터 부모를 산 채로 내다 버리는 풍습이 있었다. 바로 고려장 풍습이다. 여기 이 무덤의 주인은 바로 자신의 부모를 고려장 시킨 못된 놈의 무덤이다. 그러니 파헤쳐도 상관없다."

이런 말이 퍼지자 꿈쩍도 하지 않던 우리 나라 사람들이 돈을 받고 무덤을 파헤치기 시작했습니다. 이런 행동은 고려장이라는 말과 함께 빠르게 퍼져 나가서 한때 무덤을 파헤치는 일이 유행했을 정도였다고 합니다.

고려 시대에는 병자를 산 속 깊이 버리는 풍속이 있었습니다. 하지만 그건 어디까지나 전염병이 옮는 것을 막기 위한 처사였습니다. 불효죄를 엄하게 다스렸던 고려 시대에 고려장 같은 풍습은 없었습니다.

초등학생이 가장 궁금해 하는 우리 역사 베스트

노비를 물건처럼
사고 팔 수 있었나요?

1198년 5월, 한 무리의 노비들이 개경의 북악산으로 모여 들었습니다. 당시 최고의 권력자 최충헌의 노비였던 만적과 맛장이, 연복이, 성복이, 소삼, 효삼 등 여섯 명이 주동 인물이었습니다.

만적이 먼저 입을 열었습니다.

"여러분, 이제 천한 신분도 높은 벼슬을 할 수 있는 세상이 되었소. 이 세상 어디에 왕의 씨와 노비의 씨가 따로 있습니까? 때가 오면 누구나 할 수 있는 것입니다."

"맞아. 그동안 우리는 있는 힘을 다해 일하면서도 정당한 대우를 받은 적이 없었어. 오히려 채찍질에 시달려 왔었지."

노비들은 기다렸다는 듯이 돌아가며 한 마디씩 했습니다.

"자, 우리도 일어나 살 길을 찾읍시다! 거사일은 5월 17일로 정하고……. 그날 궁궐에 들어가서 소란을 피우면 분명 환관들과 궁중 노비들도 들고 일어날 것이오. 그러면 각자 집으로 돌아가서 주인을 죽인 다음 노비 문서를 태웁시다!"

모든 일을 계획하고 나니 그들에게는 이제 봄볕처럼 밝은 날만 있을 것 같았습니다.

드디어 약속한 17일이 되었습니다. 그런데 예상과는 달리 노비들은 많이 모이지 않았습니다. 만적을 포함한 주동자들은 크게 실망하며 급히 대책 회의를 열었습니다.

"기왕에 계획한 일이니 즉시 실행합시다!"

"안됩니다. 날짜를 연기해서 좀 더 많은 사람이 모이면 일을 벌입시다!"

의견이 서로 엇갈리고 있을 때 만적이 나섰습니다.

"아무래도 숫자가 적어 실패할 확률이 높을 것 같으니 이 달 21일에 다시 모이는 것으로 합시다. 그때는 어떤 일이 있더라도 단단히 각오를 하고 나와 주시오. 그리고 이 일은 절대 비밀을 지켜야 합니다, 알겠소?"

그런데 만적의 말을 들은 순정이란 노비는 불안했습니다.

'우리 주인은 선한 사람이야. 나를 때린 적도 없고……. 그런데 죽여야 한다니 너무 심한 게 아닌가?'

순정이 집에 도착하자 주인은 부드러운 낯으로 순정을 맞이했습니다.

"늦었구나. 피곤할 테니 어서 들어가 쉬려무나."

그러자 순정은 주인에게 모든 일을 털어놓고 말았습니다.

"이제 곧 큰 일이 나겠구나. 넌 위험할 테니 밖에 나갈 생각은 아예 하지 말아라."

순정의 주인은 이렇게 말하고 즉시 최충헌에게 달려갔습니다. 최충헌은 크게 화를 내며 일을 꾸민 노비들을 잡아오라고 명령했습니다.

"이놈들을 모두 강물에 처넣어라!"

만적을 포함해 잡혀 온 노비 1백여 명은 밧줄로 꽁꽁 묶인 채 강물에 던져졌습니다.

'만적의 난'은 같은 노비의 배신으로 실패하고 말았어. 그런데 옛날엔 노비들이 난을 일으키는 경우가 종종 있었대. 특히, 노비들이 가장 시달림을 받았던 고려 시대에는 '만적의 난'같은 커다란 난이 있었지. 그나저나 노비들이 이처럼 목숨을 버리면서까지 난을 일으킨 이유는 뭘까? 그리고 옛날엔 노비를 사고 팔았다는 데 노비의 몸값은 얼마였을까?

105

궁금한 우리 역사 찾기

노비는 베 100필 정도에 사고팔았다

옛날에는 태어나면서부터 이미 신분이 정해졌고, 사는 곳도 신분에 따라 차별을 받았습니다. 그래서 수많은 노비, 천민들은 '말하는 짐승'이라는 대접을 받으며 살았습니다.

천민의 대부분을 이루는 노비는 남자 종을 '노', 여자 종을 '비'라고 불렀습니다. 그런데 그들은 인간이라기보다는 사고 팔 수 있는 대상, 자식에게 재산으로 물려 줄 수 있는 대상, 선물로 줄 수 있는 대상이었습니다. 또 죽고 사는 문제가 그들의 주인에게 달려 있었는가 하면 향, 소, 부곡이라는 특정 지역에 따로 살아야 했습니다.

이처럼 사는 곳마저도 차별을 받았던 노비는 소유가 누구냐에 따라 공노비와 사노비로 나누어졌습니다. 공노비는 국가 기관에 소속되어 각종 잡다한 일이나 수공업 등에 종사하면서 노동력을 제공했습니다. 반면에 사노비는 개인에게 소속되어 주인한테 강한 구

106 한국사를 부탁해

속을 받았습니다. 집안일은 가내노비, 농사
는 외거노비가 주로 맡았는데, 외거노비는
주인과 따로 살면서 공물만 바치면 되어서
다른 노비들보다 조금은 자유로운 편이었습
니다.

그러면 이들 노비의 가격은 얼마나 되었을
까요?

남자 종의 경우 15 ~ 60살까지는 몸값으로
베 100필, 15살 아래와 60살 위는 50필이었
습니다. 여자 종의 경우는 15 ~ 60살까지 베
120필, 5 ~ 14살까지는 60필에 팔렸습니다.

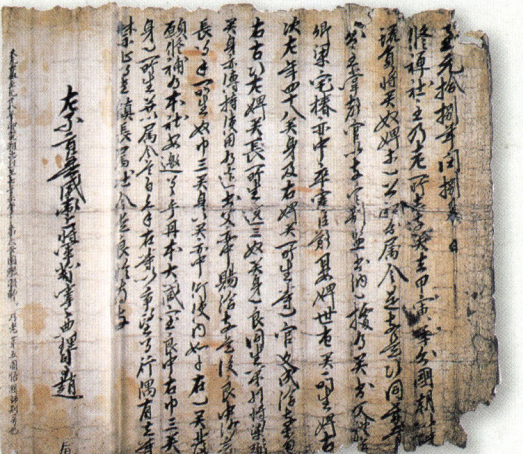

노비 문서 공민왕 7년, 아버지에게서 물려 받은 노비를 송광사 절의 대장경을 지키기 위해 절에 바친다는 내용이다. (고려시대)

여자 종이 남자 종보다 비싼 이유는 여자가 아이를 낳으면 그 아이도 자연히 주인이 가
질 수 있었기 때문이었습니다. 그런데 노비 제도가 가장 심했던 고려 시대의 노비는 '말
이 노비보다 비싸다'는 기록이 있을 정도로 짐승보다도 못한 대우를 받았습니다. 노비는
인격을 가진 인간이 아니라 말, 소, 땅과 같은 재산의 하나일 뿐이었으니까요.

그런데 짐승만도 못한 대우를 받던 노비들은 고려 중기에 오면서 새로운 모습을 보이
기 시작했습니다. 특히, 무신 정권 아래서는 노비도 벼슬을 얻는 일이 있었으므로 노비
들은 '나도 사람답게 살 수 있다'며 난을 일으켰습니다.

앞의 이야기는 '만적의 난'에 관한 것입니다. 비록 난을 일으키기도 전에 밀고로 발각
되어 묶인 채로 강물에 던져졌지만 '만적의 난'은 노비들의 의식 변화에 많은 영향을 주
었습니다.

노비 제도는 1894년 갑오개혁 이후에 폐지되었습니다.

초등학생이 가장 궁금해 하는 우리 역사 베스트

〈삼국사기〉와 〈삼국유사〉는 어떻게 다른가요?

어느 해 가을, 일연 스님은 자그마한 암자에서 깊은 생각에 잠겨 있었습니다.

'이제 우리 고려의 운명은 어떻게 될 것인가?'

일연 스님은 긴 한숨을 쉬며 혼자 중얼거렸습니다.

그 무렵, 고려는 수도를 강화도로 옮기고 아주 오랫동안 몽골과 힘겨운 싸움을 하고 있었습니다. 그러나 몽골군의 거센 말발굽에 나라 전체는 황폐해지고 백성들은 눈물과 원망으로 살아가고 있었습니다. 그러다 결국 고려는 몽골에 굴복하고 몽골족이 세운 원나라의 간섭을 받는 신세가 되고 말았습니다.

'우리 백성들을 위로해 줄만한 일이 없을까?'

일연 스님은 밤낮 이런 고민을 하며 지냈습니다. 그러다가 우연히 〈삼국사기〉를 읽게 되었습니다.

'이건 김부식이라는 학자가 책임을 맡아 지은 역사책 아닌가? 그래, 여기서 해답을 찾을 수 있을지도 몰라.'

일연 스님은 그날부터 밤잠을 설쳐가며 〈삼국사기〉를 읽고 또, 그 내용을 요리조리 연구했습니다.

'이 책은 지배층의 얘기를 중심으로 씌어졌고, 신라에 비해 고구려와 백제의 기록이 너무 미약한걸?'

일연은 〈삼국사기〉에 부족하다고 느껴지는 부분들을 차근차근 적어 내려갔습니다.

'어허, 이게 가장 큰 문제야. 어찌 중국에 조공하는 일이 아름다운 일이란 말인가? 때맞춰 남의 나라에 예물을 바치는 일은 나라의 수치이거늘…….'

108 한국사를 부탁해

갑자기 일연 스님의 표정이 일그러지더니 아예
책상을 밀치고 일어나 마당으로 나갔습니다.
찬바람이 옷자락 사이로 스며 들어왔습니
다. 일연 스님의 가슴에도 왠지 찬바람이
부는 듯했습니다.

'나는 승려이다. 그리고 우리 고려는 지
금 원나라의 허수아비 신세가 되고 말았
다. 그렇다면……'

일연 스님은 해질 무렵이 되어서야 무언
가를 결심한 듯 암자 안으로 들어가서 예불을
드렸습니다. 그러고는 작은 스님 몇 명을 불러 책을
구해오라고 했습니다.

'우리 백성들 사이에 떠도는 불교 이야기며 전설 같은 온갖 이야기를 모아 보자. 그 속
에는 백성들의 생각과 당시의 상황들이 숨어 있지 않겠는가? 원나라에 짓밟힌 우리 민
족의 전통을 살려 보도록 하자!'

일연 스님은 그런 결심으로 〈삼국유사〉를 쓰기 시작했습니다.

우리의 고대 역사를 기록한 책으로는 〈삼국사기〉와 〈삼국유사〉가 대표적이야.
우리가 잘 아는 고대의 많은 얘기들은 바로 이 두 권에 실린 것이라고 해도 틀리
지 않을 만큼 말이지. 그런데 이 두 권의 책은 같은 고대 역사를 기록했지만 많은
차이점이 있어. 과연 〈삼국사기〉와 〈삼국유사〉는 어떻게 다른 것일까?

궁금한 우리 역사 찾기

백성들의 삶을 담은 〈삼국유사〉

〈삼국사기〉

〈삼국사기〉는 임금의 명령에 따라 편찬된 역사책으로 김부식이 그 일의 책임을 맡았습니다. 그는 신라 귀족의 자손이자 권력 있는 가문 출신의 유학자였습니다.

김부식이 활동했던 당시(12세기 전반)는 고려 사회의 내부 갈등이 점점 심해지는 시기였습니다. 왕권은 땅에 떨어지고 지배층은 분열되었으며 묘청의난 같은 대규모의 난이 자주 일어났습니다. 이러한 과정 속에서 그는 〈삼국사기〉의 편찬을 지휘했습니다.

그런데 그 시기에 신라, 고구려, 백제의 역사를 정리하여 새로운 역사책을 편찬한 이유는 무엇일까요?

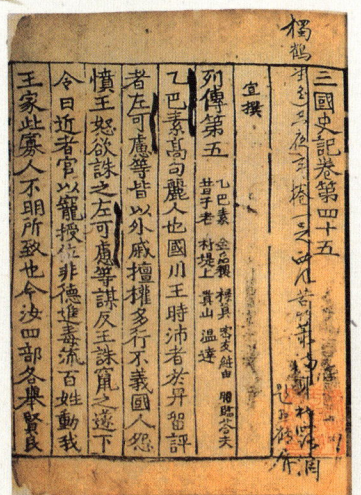

삼국사기 고려 인종 때 김부식 등이 왕의 명을 받아 편찬하였다. 우리나라에서 가장 오래된 역사책이다.

고려의 지배 세력은 계속되는 정치적 혼란을 수습하기 위해선 지배 질서를 다시 세워야 한다고 느꼈습니다. 그리고 새로운 역사책은 당연히 유교적 역사관을 반영해야 한다고 보았습니다.

이러한 목적으로 편찬된 〈삼국사기〉는 되도록 신비하고 초자연적인 내용은 기록하지 않았습니다. 서술은 하되 편찬자가 창작하지 않는다는 원칙에 따른 것이었지요. 그래서 〈삼국사기〉를 고대 사회에 대한 객관적인 자료를 얻을 수 있는 역사책이라고 평가합니다.

그러나 유교적 사대주의 역사관에 따라 고대 사회의 역사를 정리했다는 부정적인 평가도 있습니다.

신화를 비판하고 단군 조선의 역사를 빠뜨려 전통 문화의 범위를 축소시켰다는 것이지요.

그래서 이 책을 사대주의에 충실한 역사책이라고 비판하기도 합니다.

〈삼국유사〉

〈삼국유사〉는 승려 일연이 1281년 즈음에 완성한 역사책입니다. 일연이 〈삼국유사〉를 쓸 무렵, 고려는 무신의 난 이후 농민, 천민의 항쟁이 일어나고 몽고족과의 오랜 싸움 끝에 결국 원나라의 지배를 받게 되었습니다. 그러자 가장 큰 피해를 입은 건 백성들이었습니다.

일연은 전국의 절을 돌며 백성들의 모습을 지켜보는 동안 그들이 무엇을 원하는지 알게 되었습니다.

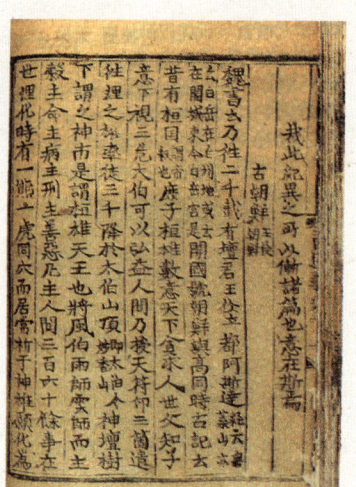

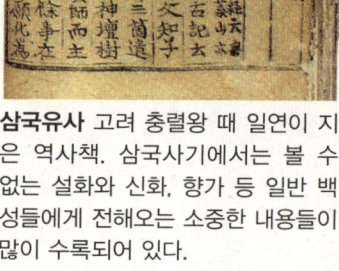

삼국유사 고려 충렬왕 때 일연이 지은 역사책. 삼국사기에서는 볼 수 없는 설화와 신화, 향가 등 일반 백성들에게 전해오는 소중한 내용들이 많이 수록되어 있다.

〈삼국유사〉는 바로 고통과 억압에 시달리는 백성들에게 구원과 희망을 주기 위한 목적으로 편찬된 것입니다. 그래서 〈삼국유사〉는 신비하고 이상한 일들을 중심으로 편찬되었습니다. 그러면서 원나라의 간섭 아래 흔들리는 민족적 자주성을 강조하였습니다.

〈삼국유사〉는 다른 역사책에 비해 백성들에 대한 얘기가 두드러집니다. 그들의 생활 모습, 신앙, 생각은 물론 전설, 향가 등을 있는 그대로 기록하여 당시 백성들의 삶을 생생하게 전달해 주고 있습니다.

〈삼국사기〉와 〈삼국유사〉를 두고 사대주의 유교적 역사관을 기준으로 쓰여졌습니다. 믿을 수 없는 황당한 일들을 기록해서 역사책으로써 가치가 없다고 말하기도 합니다. 그러나 〈삼국사기〉는 철저하게 기록을 참고로 편찬되었기 때문에 삼국의 정치나 제도 등을 아는 데 가장 기본이 됩니다. 〈삼국유사〉는 신화나 전설, 향가 등은 물론 당시 일반 백성들의 생활을 아는 데 중요한 가치 있는 자료입니다.

초등학생이 가장 궁금해 하는 우리 역사 베스트

무당들은 왜 최영 장군을
신으로 모시는 건가요?

'어떻게 해서든지 민 중전을 죽여야만 내가 다시 중전이 될 수 있어!'

취선당으로 쫓겨난 장희빈은 오직 다시 중전이 될 방법만을 궁리했습니다.

하지만 적당한 방법이 쉽게 떠오르지 않았습니다.

그때 한 궁녀가 장희빈을 찾아와서 비밀스럽게 말했습니다.

"희빈마마, 대궐에서 10리쯤 떨어진 곳에 용한 무당이 살고 있다고 합니다.

그 무당을 불러다 방법을 물어 보면 어떨까요?"

"무슨 소리냐? 감히 대궐에 무당을 들여? 누가 들을까 두려우니 입조심하거라."

궁녀의 말을 들은 장희빈은 깜짝 놀라며 그녀를 나무랐습니다. 그런데 궁녀의 말을 가만히 생각해 보니 무당이 무슨 좋은 수를 찾아 줄 수도 있을 것 같았습니다.

장희빈은 며칠을 고민하다가 그 궁녀를 불러들였습니다.

"지난번에 말했던 무당이 그렇게 용하다더냐?"

"전국에 소문 난 무당이라 하옵니다. 그 무당은 최영 장군을 신으로 모시고 있는데 여태까지 한 번도 틀린 일이 없다고 하더이다."

장희빈은 속히 그 무당을 불러 오라고 일렀습니다. 이에 궁녀는 그 길로 무당을 찾아 데리고 왔습니다.

"내 앞에서 허튼 말을 했다가는 목숨이 온전치 못할 게야."

장희빈은 무당에게 다짐을 둔 뒤 자신의 답답한 마음을 얘기했습니다.

그러자 무당은 잠시 생각하더니 한 가지 방법을 일러 주었습니다.

그날 이후로 장희빈은 무당의 말대로 일을 꾸몄습니다. 먼저 신을 모실 신당부터 만들

112 한국사를 부탁해

고 민 중전의 그림을 그려 붙인 뒤 궁녀를 시켜 매일 세 번씩 화살을 쏘게 했습니다. 그러다가 그림이 찢어지면 비단으로 옷을 입혀서 시체로 꾸민 뒤 연못에다 던졌습니다. 신당 안에는 늘 장희빈의 시녀들이 주문을 외우면서 절을 했습니다.

이런 소문은 숙종의 귀에도 들어갔습니다. 그래서 숙종은 곧장 장희빈이 차려 놓은 신당에 들어가 보았습니다. 신당 안에는 소문대로 민 중전의 그림이 걸려 있었고 그림의 눈에는 구멍이 뚫려 있었습니다. 너무나 놀란 숙종은 소리를 버럭 질렀습니다.

"무슨 요망한 짓들이냐? 누가 이런 짓을 시키더냐?"

숙종은 신당 안에 있던 시녀들을 다그쳤습니다.

"여봐라, 당장 이들의 목을 베고 장씨에게는 사약을 내리거라."

마침내 장희빈은 사약을 받고 자신의 뜻을 이루지 못한 채 죽음을 맞이했습니다.

인현왕후와 장희빈의 싸움은 자주 이야기되는 사건이야. 이야기처럼 장희빈은 인현왕후를 죽이기 위해 무당이 일러주는 방법대로 했어. 그런데 그 무당은 최영 장군을 신으로 모셨다지? 무당들이 고려 시대의 가장 훌륭한 장수로 이름난 최영 장군을 모신다니 좀 이상하지? 도대체 무슨 이유일까?

궁금한 우리 역사 찾기

억울하게 죽은 사람을
신으로 모신다

다른 종교와는 달리 무속 신앙에서 모시는 신령은 아주 다양합니다.

우리나라 무당의 경우 최영 장군을 가장 많이 신으로 모시고 있습니다. 왜 그럴까요?

최영 장군은 고려 말기의 유명한 장수로서 왜구를 토벌하여 공을 세웠으며 여러 번의
난을 진압하기도 했습니다.

그 가운데 가장 빛나는 승리는 1376년 홍산에서 왜구를 크게 무찌른 것이었습니다. 이
싸움에서 최영 장군은 입에 화살을 맞고도 제일 앞에서 군사들을 지휘했으며 그 공으로
시중이라는 높은 벼슬을 받았습니다. 그러나 끝내 사양했다고 합니다.

그 뒤 고려와 명나라 사이에 철령위 문제가 발생하자 최영 장군은 요동 정벌을 주장했
습니다. 철령위 문제란, 명나라가 철령 이북은 원래 원나라의 땅이니 이곳을 요동에 포
함시켜 자신들이 다스리겠다고 고려에 통지한 사건입니다.

최영 장군신 주로 중부 지방의 무속
신앙에서 모시는 인물신의 하나로 숭
배된다.

이에 고려 조정은 이성계와 조민수를 앞세워 요동 땅
을 찾으라고 명령했습니다.

그러나 이성계는 여름철이다, 장마철이다 등의 이유를
내세워 요동 정벌을 포기하고 위화도에서 돌아왔습니다.
그리고 돌아오는 길에 대궐로 쳐들어갔습니다.

한편, 이성계의 배반으로 요동 정벌의 뜻을 이루지 못
한 최영 장군은 고봉(지금의 경기도 고양)에 유배되었다
가 처형되었습니다.

많은 공을 세웠지만 이성계에 의해 억울하게 죽은 최

영 장군처럼 살았을 때 자신의 한을 풀지 못하고 죽은 사람은 저승으로 가지 못한다고 합니다. 그러니 그들은 이승 가까이 떠돌며 소원을 비는 사람들의 심정을 보다 잘 이해하고 들어 주리라, 무당들은 그렇게 믿는 것입니다. 그래서 우리 나라 대부분의 신당에는 최영 장군의 영정이 걸려 있는 것입니다.

이처럼 무당이 섬기는 신은 한이 많아서 저승으로 가지 못한 사람들입니다.

즉, 큰 한을 품은 사람들이 대개 무당들의 신이 된다는 것이지요.

우리 나라 무당들이 섬기는 신령에는 최영 장군 말고도 왕위를 지키지 못했거나 비극적인 죽음을 당한 역사 인물들이 있습니다. 예를 들어 단종, 사도세자 그리고 명성왕후 같은 인물들입니다.

초등학생이 가장 궁금해 하는 우리 역사 베스트

누가 신돈을 요승으로 만들었나요?

고려 공민왕 때 일입니다.

어느 날 공민왕은 꿈을 꾸었습니다. 어떤 사람이 공민왕을 죽이려 했는데 때마침 스님 한 분이 달려와 자신을 구해 주는 꿈이었습니다. 공민왕은 그런 꿈을 꾸고 난 며칠 뒤 승려 신돈을 소개받았습니다.

'아니, 내가 꿈에서 본 스님을 쏙 빼 닮았잖아?'

신돈에게 친밀감을 느낀 공민왕은 그를 자주 불러 얘기 나누기를 좋아했습니다.

"난 모든 게 싫소. 정치도 싫고 백성도 싫소. 그냥 훌훌 털어 버리고 자연을 벗삼아 그림이나 그리고 싶다오."

"하고 싶은 대로 하십시오. 임금도 즐길 권리가 있는 법입니다."

신돈의 말을 들으면 공민왕은 늘 마음이 편해졌습니다. 다른 신하들에게 이런 말을 하면 마음을 바로잡으라고 야단법석이지만 신돈만은 그렇지 않았으니까요. 따라서 신돈에 대한 공민왕의 신임은 날로 두터워졌습니다.

그러자 신돈을 반대하는 세력이 생겨났습니다. 그들은 비천한 출신의 신돈이 나랏일에 관여하는 것도 싫었고 불교의 가르침을 전한다며 여자들과 놀아나는 것도 눈에 거슬렸습니다. 그래서 시간이 날 때마다 왕에게 간곡하게 말했습니다.

"폐하, 신돈은 국가를 무너뜨릴 요망한 승려입니다. 부디 물리치옵소서."

하지만 공민왕의 마음은 변하지 않았고 더불어 신돈의 세력은 하늘 높은 줄 모르고 커져만 갔습니다. 그는 임금의 총애를 등에 업고 재물을 긁어모으고 아녀자를 스스럼없이 겁탈했습니다.

그뿐만이 아니었습니다. 그는 왕과 나란히 앉아 친구 대하듯이 얘기를 나누었고 언제나 임금 행차하듯이 백여 명의 군사를 이끌고 다녔습니다. 그러자 백성들 사이에서 괴상한 소문이 돌았습니다.

"억울한 일이 있거든 무조건 신돈의 집으로 여자만 보내면 된다네. 옥에 갇힌 사람도 금방 풀려난다고 하더이다."

"그 얘기 들었소? 글쎄, 신돈은 꼬리가 아홉 달린 늙은 여우가 둔갑한 거라네. 그래서 어진 임금님마저도 정신을 못 차리는 거라네."

"혼자 있을 때 여우로 다시 둔갑하는 걸 본 사람이 있다 하오. 그런데 소문이 날까 봐 여우가 그 사람을 죽였답니다."

신돈의 세력이 점점 커지자 그를 반대하는 세력들은 더 이상 지켜 볼 수만은 없었습니다. 그래서 왕을 죽이려 했다는 누명을 씌워 마침내 신돈을 처형하고 말았습니다.

고려 시대의 '신돈'에 대해 한번이라도 들어 본 사람이라면 '아, 그 음탕한 승려?'하고 생각할 거야. 텔레비전 드라마나 소설에서도 늘 신돈은 나쁜 중으로 그려지고 있으니 그런 생각을 하는 건 당연한 일이지.
그런데 신돈은 정말 꼬리 아홉 달린 여우가 둔갑한 요승이었을까?

궁금한 우리 역사 찾기

신돈은 정치 감각이 있었던 개혁론자

신돈은 승려 출신으로 1365년부터 1371년까지 공민왕을 대신하여 정권을 쥐고 개혁을 추진한 사람입니다. 그런데 그에 대한 평가는 언제나 두 갈래로 나누어집니다.

'신돈은 개혁론자였다' 혹은 '신돈은 음탕한 승려였다'라고 말입니다.

과연 어느 평가가 옳은 것일까요?

신돈을 올바르게 평가하려면 '그가 어떤 상황에서 등용되었는가?'부터 살펴 보아야 합니다.

고려 말기에는 원나라에 기대어 권력을 잡은 세력들이 왕까지 맘대로 흔들었습니다. 게다가 그들은 권력을 앞세워 힘 없는 평민들의 토지를 강제로 빼앗거나 국가 소유의 땅을 몰래 차지하여 넓은 토지를 가지고 있었습니다.

그것도 모자라 평민들을 일부러 노비로 만들어 부려먹는 일이 허다했습니다. 그 결과 농민들은 고향을 떠나 방랑 생활을 하게 되었고 세금을 낼 평민이 줄어들어 국가의 살림 형편은 말이 아니었습니다.

공민왕은 이러한 문제를 해결해야겠다는 강한 의지를 가지고 있었습니다. 하지만 자신이 직접 나설 수는 없었습니다. 이미 권력을 쥐고 있는 신하들과 직접 대립하게 되면 오히려 왕권이 더 약해지는 등의 역효과를 가져올 수도 있었으니까요. 그래서 공민왕은 기존의 정치 세력과 아무런 관련이 없으면서도 정치 감각이 있는 인물인 신돈을 앞세우기로 했던 것입니다.

신돈은 공민왕의 신임을 무기로 개혁 정치를 시작했습니다.

그는 먼저 토지 제도와 노비 제도를 개혁했습니다. 권력을 가진 사람에게 강제로 빼앗긴 땅을 원래 주인에게 되돌려 주고 억울하게 노비가 된 사람들을 다시 평민이 되게 해 주었습니다.

또 원나라의 세력을 업고 조정의 중요한 관직을 차지하고 있던 관료들을 내쫓고 실제 하는 일도 없이 직위만 가지고 있던 관리들을 군대로 보냈습니다. 그리고 과거 제도를 개혁하여 젊고 새로운 세력을 발굴했습니다. 훗날 조선왕조 건국의 중심 세력이었던 신진 사대부도 모두 신돈이 개혁한 과거 제도를 통과한 사람들이었지요.

그러나 신돈의 개혁 정치는 결국 실패하고 말았습니다. 그가 너무 급하고 강하게 모든 걸 바꾸려 했던 것도 이유가 되지만, 가장 큰 이유는 그의 개혁 정치를 지지할 만한 세력이 없었던 것입니다. 그가 계획한 일을 하나하나 처리해야 할 사람은 관리들이었는데 당시 관직의 대부분은 개혁의 대상이었던 관료들이 차지하고 있었습니다. 그러니 신돈의 개혁 정치는 처음부터 '실패'라는 결과를 안고 시작되었는지도 모릅니다.

'신돈은 요승이었다'라는 평가는 조선 건국 이후에 편찬된 〈고려사〉의 기록을 근거로 나온 말입니다. 조선을 세운 세력은 고려 왕조가 그만큼 타락했었다고 강조함으로써 자기네들이 조선 왕조를 세운 일을 정당화시키려고 했던 것입니다.

우리가 흔히 알고 있는 것처럼 신돈이 정말 음탕하고 간사한 승려였는지는 알 수 없습니다. 하지만 그가 요승이었기 때문에 개혁 정치가 실패한 것은 결코 아닙니다.

신돈의 개혁 정치는 비록 실패로 끝났지만 그가 일반 백성들의 입장에서 개혁을 추진한 점, 공민왕의 왕권 강화에 도움을 준 점 그리고 새로운 정치 세력(신진 사대부)을 등장시킨 점 등은 높이 평가해야 합니다.

초등학생이 가장 궁금해 하는 우리 역사 베스트

고려 시대 공녀란 무엇인가요?

고려 충렬왕 때의 일입니다.

온 나라가 울부짖는 소리로 가득했습니다.

"제발 살려 주세요. 아무 거나 시키는 대로 다 하겠습니다."

"전 아무 잘못도 하지 않았어요. 그러니 부모님 모시고 살게 해 주세요."

어린 소녀들이 억지로 끌려 나오면서 소리쳤습니다. 하지만 모두 강제로 수레에 실리고 말았습니다. 어떤 소녀는 기절을 했고 또 끌려 가지 않으려고 발버둥치다가 몸에 상처가 나기도 했습니다.

그 모습을 지켜 보고 있던 다른 소녀들도 떨면서 눈물을 흘렸습니다.

자신도 언제 저런 처지가 될지 불안했기 때문이지요.

"영감님, 다녀왔습니다."

박 영감 댁 일을 도와 주고 있는 종남이가 대문을 들어서며 말했습니다. 그런데 종남이의 안색이 좋지 않았습니다.

"그래, 뭐라고 하든?"

"한 번 공녀로 선발되면 빠져 나올 수 없다면서……"

종남이의 말을 들은 박 영감은 그만 주저앉고 말았습니다. 박 영감의 막내딸이 공녀로 선발되어 꼼짝없이 원나라로 가야 했기 때문입니다.

'아니, 그렇게 권세 있는 사람도 힘을 쓸 수가 없다니, 도대체 이를 어쩌나? 뇌물로도 안 되고…….'

박 영감은 딸의 앞날을 생각하니 눈앞이 캄캄했습니다.

한참을 맥없이 앉아 있던 박 영감은 홍규의 집을 찾아갔습니다. 박 영감은 홍규와 절친한 친구 사이였는데, 그의 딸도 공녀로 선발되었다기에 함께 의논을 해 보려는 것이었습니다.

그런데 홍규의 집은 초상집 같았습니다.

"무슨 일이 있는가?"

박 영감이 하인을 불러 세워 이유를 물어보았습니다.

"영감님은 섬으로 귀양을 가시고 아가씨는 원나라 사신에게 선물로 바쳐졌습니다."

"아니, 왜?"

"며칠 전 영감님이 아가씨의 머리카락을 잘랐습니다. 그런데 이 일이 알려져서 재산도 다 빼앗기고, 마님은 스스로 목을 매어……."

사정을 들은 박 영감은 목놓아 울더니 이렇게 중얼거렸습니다.

'오죽했으면 딸의 머리카락을 잘랐을라고! 오죽했으면 목을 맸을라고!'

일제 강점기 때 일본이 우리나라 여자들을 끌고 갔다는 얘기는 들어 봤지? 정신대말이야.
그런데 이런 비참한 일이 고려 시대에도 있었단다. 고려 시대에는 원나라에 여자를 바쳤는데 이를 '공녀'라고 불렀대.

궁금한 우리 역사 찾기

원나라로 끌려간 고려의 처녀들

우리의 역사에는 자랑스럽지 않은 부분들도 있습니다. 그 가운데 하나가 바로 원나라의 간섭 아래 있었던 고려 시대의 모습입니다.

원나라는 몽골족이 세운 나라입니다. 그런데 몽골족은 다른 나라를 정복하면 그 나라의 모든 것을 자기 물건으로 생각했습니다. 그래서 고려 조정에다 물건을 바칠 것을 강요했습니다. 그러자 고려 조정에서는 인삼, 금과 은, 도자기 등을 마련해서 보냈습니다.

그런데 원나라에서는 그 정도가 점점 심해져서 급기야는 사람을 보내 달라고 요구했습니다. 고려 사람들이 물건 취급을 받으며 원나라에 넘겨질 판이었지요. 원나라의 요구에 따라 남자들은 거세되어 대부분 황실의 환관으로 보내졌고 여자들은 첩이나 하녀로 끌려 갔습니다. 이렇게 물건처럼 원나라에 바쳐진 고려 여성을 가리켜 '공녀'라고 합니다.

우리 사람 고려 처녀 좋아한다 해.

고려 여성들은 공녀로 선택되는 것을 가장 싫어했습니다. 멀고 먼 남의 나라까지 끌려가서 노동은 물론이고 성적인 학대까지 당해야 했으니까요. 그래서 딸을 가진 집에서는 일찍 결혼시키는 경우가 많아졌습니다. 이를 조혼 풍습이라고 합니다.

그러다 보니 원나라에서 요구하는 인원을 채우기가 점점 힘들어졌습니다.

122 한국사를 부탁해

급기야 조정에서는 '양가의 처녀는 먼저 관청에 신고한 다음 혼인해야 한다.'라는 혼인 금지 명령을 내리게 됩니다. 그리고 얼마 후엔 다시 '나이가 16세 이하 13세 이상의 여자는 마음대로 혼인할 수 없게 하라.'는 명령을 내렸습니다.

이를 보면 공녀의 대부분은 10대 초반인 어린 소녀였음을 알 수 있습니다.

공녀는 출신 신분이 높은 경우에는 황제의 후궁 또는 귀족이나 높은 관리의 처나 첩이 되어 조금 나은 생활을 했습니다. 하지만 일반 백성의 딸은 원나라에 항복한 군인의 처 또는 궁녀나 종이 되어 비참한 생활을 했습니다.

사태가 이렇게 되자 1335년 이곡은 원나라에 상소를 올렸습니다.

'공녀를 선발할 때, 한 여자를 얻으려고 수백 집을 뒤지게 됩니다. 또, 한 번 사신이 오면 나라 안이 소란하여 닭이나 개도 편안할 수 없습니다. 이런 일은 1년에 두 번 혹은 2년에 한 번 있는데, 처녀의 숫자가 많을 때는 40~50명에 이릅니다. 공녀로 뽑혀 떠나는 날에는 울부짖다가 우물에 몸을 던지거나 스스로 목을 매어 죽는 자도 있습니다. 근심 걱정으로 기절하거나 피눈물을 흘려 눈이 멀게 된 자도 있습니다……. 바라건대 덕을 베푸시어 다른 나라에서 아내나 첩을 데려오는 것을 법으로 금하신다면 이보다 더 다행함이 없겠 나이다.'

그의 간곡한 상소를 본 원나라 황제는 공녀를 받지 않겠다고 약속했습니다.

그러나 그건 어디까지나 형식적이었을 뿐 공녀는 1356년이 되어서야 중단되었습니다.

초등학생이 가장 궁금해 하는 우리 역사 베스트

고려 청자를 만든 도공들은
어디로 사라졌나요?

고려 말기, 아주 유명했던 도공인 양씨에게는 양자로 들인 기남이와 수남이 그리고 복동이라 불리는 딸이 있었습니다. 그런데 복동이는 태어날 때부터 남자 옷을 입고 남자아이로 자랐습니다. 양씨가 자신의 친딸에게 청자 만드는 비법을 가르쳐 주기 위해서였지요. 하지만 복동이는 청자 만드는 재주가 없었습니다. 그래서 양씨는 기남이와 수남이를 지켜보기로 했습니다.

그런 어느 날, 양씨에게 갑자기 큰일이 생겼습니다. 원나라에서 온 사신이 유명한 도공을 찾는다는 소문을 들었기 때문입니다.

'원나라로 끌려가느니 차라리 목을 매고 죽자!'

양씨는 며칠 밤을 고민하다가 스스로 두 눈을 찔러 장님이 되었습니다. 그런 후에 양씨는 식구들을 데리고 한밤중에 길을 떠났습니다. 그리고 구월산에서 다시 일을 시작했습니다. 흙을 빚어 말린 뒤 무늬를 새기고 가마 속에 넣어 불질을 하고 또, 유약을 바르는 일까지 기남이와 수남이의 힘을 빌어 청자를 만들었습니다.

그런데 양씨가 장님이 된 뒤 처음으로 구운 청자는 실패였습니다. 그러자 양씨는 슬픔에 잠겨 자신이 만든 청자를 마구 깨뜨렸습니다.

'진정한 예술품에는 눈이 있는 법인데, 내게는 눈이 없으니 눈 없는 청자가 구워지는구나.'

그 후, 양씨는 청자를 굽지 않고 두 아이에게 청자 만드는 비법을 가르쳤습니다.

그런데 또 문제가 생겼습니다. 복동이를 더 이상 남자로 키울 수가 없었던 것이지요. 그래서 복동이의 이름을 이쁜이로 고치고 치마 저고리를 입혔습니다. 그러자 두 청년은

124 한국사를 부탁해

서로 이쁜이를 아내로 맞으려고 다투었습니다.

"너희 둘 가운데 청자를 더 잘 빚는 사람을 사위로 맞아 내 비법을 전수하겠다."

두 청년은 양씨의 말에 불평 하나 없이 청자 만드는 일에 몰두했습니다. 하지만 양씨는 곧 세상을 떠나고 말았습니다. 그래서 그들은 스님 두 명을 모셔 놓고 기술을 겨루기로 했습니다.

기남이와 수남이는 스님들이 지켜 보는 가운데 가마에 불을 지폈습니다. 그러고는 가마 앞에서 꼼짝도 하지 않았습니다. 이쁜이는 수남이의 가마터만 바라보며 수남이의 청자가 더 잘 만들어지기를 빌었습니다.

한참 시간이 흘러 드디어 약속한 시간이 다가왔습니다. 그런데 느닷없이 수남이가 뜨거운 가마 속으로 뛰어들었습니다.

얼마 뒤, 심사를 마친 스님은 수남이의 영혼을 바친 청자를 최고품으로 뽑았습니다.

하지만 수남이는 이미 숨을 거둔 뒤였고, 이쁜이마저도 수남이의 청자를 안고 깊은 연못으로 뛰어 들었습니다.

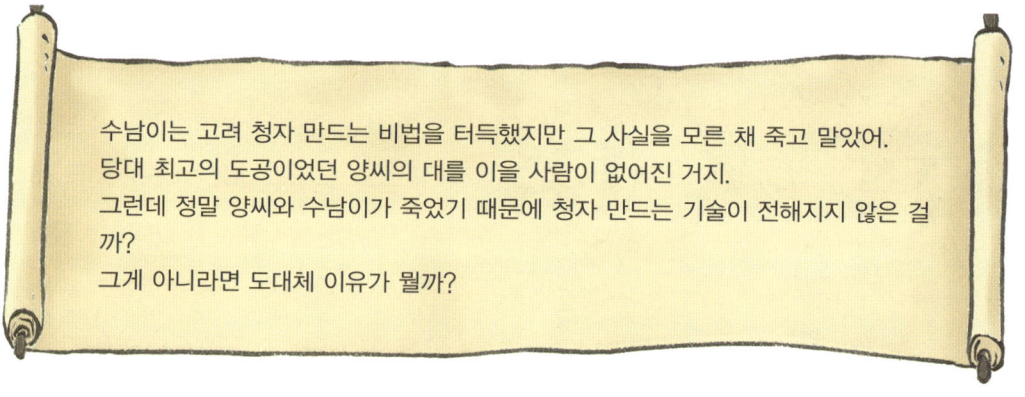

수남이는 고려 청자 만드는 비법을 터득했지만 그 사실을 모른 채 죽고 말았어.
당대 최고의 도공이었던 양씨의 대를 이을 사람이 없어진 거지.
그런데 정말 양씨와 수남이가 죽었기 때문에 청자 만드는 기술이 전해지지 않은 걸까?
그게 아니라면 도대체 이유가 뭘까?

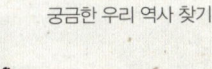

사회적 천대를 받았던 고려의 도공들

고려의 도자기 가운데 가장 널리 알려진 것은 상감자기입니다. 상감자기가 세계적으로 유명한 것은 뛰어난 예술적 가치를 지녔기 때문입니다.

고려의 자기는 대개 15종으로 나눕니다. 그 종류는 청자, 상감청자, 백자로 크게 나눌 수 있는데 특히, 특수층에서만 사용했다는 상감청자는 고려 의종부터 충렬왕 때까지 약 150년 동안 이어져 내려오며 유행했습니다.

그런데 고려의 도자기는 고려 말기부터 자취를 감추어 버렸습니다. 왜 그랬을까요?

그 이유 중 하나는 당시의 시대적 상황과 관련이 있습니다.

상감청자가 유행했던 시기의 고려는 원나라의 간섭 아래 있었습니다. 그런데 원나라는 항상 고려에다 사신을 보내어 물건을 바치라고 재촉했습니다. 그 무렵, 원나라에서 가져가는 고려의 물건에는 '고려 3미'가 있었습니다. 고려 3미란 고려의 아름다운 것 세 가지를 말하는데, 첫 번째가 황금, 두 번째가 인삼, 세 번째가 청자였습니다.

고려 3미를 바쳐라 해!

하지만 원나라는 고려 3미뿐 아니라 유명한 도공을 자기 나라로 데려 가기도 했습니다. 하지만 고려 조정에서는 아무런 항의도 하지 않았습니다. 도공을 멸시하던 고려 조정에서는 인삼이나 황금보다 도공을 데리고 가는 것이 더 낫다고 생각했기 때문이었습니다.

이렇게 원나라에 바치는 물건 취급을 받게 된 도공들은 원나라 사신이 왔다는 소식만 들리면 불안해 했습니다. 그래서 일부러 도자기 만드는 일을 그만두거나 스스로 손을 자르기도 했습니다. 때문에 원나라에서 도공을 데리고 가는 일이 많아질수록 고려에는 점차 도공들이 줄어들었습니다.

다음 이유로는 기술자에 대한 사회의 멸시와 푸대접을 들 수 있습니다. 우리 나라에서는 예로부터 도자기 만드는 기술자를 도공이 아닌 '사기장'으로 부르면서 멸시했습니다.

이러한 상황 속에서 자식에게 기술을 전수하는 일은 차별과 푸대접을 함께 전수하는 것과 마찬가지였습니다. 그러니 기술자들은 차라리 자신의 손을 잘라서라도 자식에게만큼은 기술을 전해 주지 않으려 했던 것입니다.

일본 와카야마현에서는 정기적으로 장인을 뽑아 평생 동안 여러 가지 혜택을 주고 그 기술을 나라에서 인정해 준다고 합니다. 그래서인지 일본에는 몇 대씩 대를 이어 가업을 계승하는 일이 흔합니다. 하지만 우리 나라에는 아직까지 대를 이어 가업을 잇는 경우는 드뭅니다.

이런 현상은 기술을 천시했던 오랜 관습과 관련이 있을 것입니다.

고려 청자 청자귀형수병　　　　고려 청자 청자상감모란문표형병　　　　고려 청자 청자상감운학문매병

초등학생이 가장 궁금해 하는 우리 역사 베스트

몽골과 맞서 싸운 삼별초는 어떤 사람들이었나요?

몽골군이 지나간 자리는 모두 잿더미로 변하고 시체가 산만큼 쌓일 정도로 고려의 피해는 심각했습니다. 그러자 고려 원종은 수도를 다시 개경으로 옮기겠다는 조건을 내세워 몽골과 화해를 하기로 했습니다. 하지만 특수 부대 삼별초는 개경으로 돌아오라는 왕의 명령을 거부했습니다.

그 당시 삼별초는 배중손 장군이 지휘하고 있었습니다.

하루는 배중손이 큰 소리로 군사들에게 말했습니다.

"몽골 병사들이 다시 쳐들어와서 백성을 함부로 죽이려 한다. 나라를 도우려는 생각이 있는 사람은 모두 모여라!"

삼별초의 우두머리 배중손은 몽골에 굴복하는 것을 반대하고 끝까지 저항하자고 삼별초를 설득했습니다. 하지만 조정에서는 이러한 삼별초를 못마땅하게 여겼습니다. 그래서 삼별초의 해산을 강력하게 요구하는가 하면 삼별초의 이름이 적힌 명부를 빼앗아 가기도 했습니다. 삼별초의 명단이 조정에 넘겨지자 삼별초 안에서는 별의별 소문이 다 나돌았습니다.

"가지고 간 명단을 몽골에 넘겨 준다는구먼. 그럼 우린 어떻게 될까?"

"우리를 한 명씩 불러내어 처참하게 죽이려고 한다던데?"

이렇게 온갖 소문이 무성할 때 배중손은 우선 강화도 사람들의 탈출을 막고 무기를 군사들에게 나누어 주었습니다. 그리고 새 왕을 세운 후 강화도를 떠나기로 결심했습니다. 고려 조정에서 몽골과 힘을 합쳐 삼별초의 저항을 막으려 했기 때문이었습니다. 더 이상 강화도에서 항쟁을 하기 어렵다고 생각한 배중손은 재물과 사람들을 싣고 진도로 갔습니다.

진도에 도착한 삼별초는 흑산도,
제주도 등 남해안 일대를 장악하
고 고려·몽골 연합군과 싸워 번
번이 승리를 하자 사기가 드높았
습니다.

"관군과 몽골군이 합쳐 봐도 우
리와는 상대가 안 된다!"

삼별초는 고려·몽골 연합군을 대수롭

지 않게 여겼습니다. 그러다가 갑자기 기습 공격
을 받았습니다. 방심하고 있다가 기습을 당한 삼별초는 처음엔 잘 싸웠습니다. 그러나
섬에서의 싸움은 쉽지 않아서 점차 군사들이 나누어지고 몽골군의 신무기가 위력을 발
휘하여 패배의 쓴 잔을 맛보아야 했습니다. 결국 진도는 함락되었고 배중손도 전사하고
말았습니다.

그 뒤로 삼별초의 남은 군사들은 제주도로 옮겨 계속 저항을 했지만 고려·몽골군에
밀려 무너지고 말았습니다. 이로써 약 4년에 걸친 삼별초의 항쟁은 끝이 났습니다.

고려 후기 '삼별초의 난'이라고 들어 봤지? 고려를 삼키려고 했던 몽골에 대항하여
끝까지 싸웠던 군대 말이야.
삼별초의 저항은 많은 의미를 가지고 있대. 그래서 삼별초를 보는 의견도 다양하지.
그 가운데 특히, '삼별초는 무엇을 위해 싸웠나?'하는 물음은 흥미가 있어.
그럼 이제부터 그 물음에 대한 답을 찾아보도록 하자.

궁금한 우리 역사 찾기

몽골과 조정에 맞선 삼별초

삼별초란 좌별초와 우별초 그리고 신의군을 합쳐서 부르는 말입니다. 삼별초는 최충헌의 아들 최우가 무신 정권을 장악하고 있을 때 만들어졌습니다. 최우는 나라 안에 도적이 많아지자 용맹한 군사들을 모아 매일 밤 순찰을 하도록 시켰는데 그 부대를 야별초라고 했습니다. 그런데 도적이 줄기는커녕 전국적으로 늘어나자 야별초를 지방에 보내어 막도록 했습니다. 그러다 보니까 야별초 군사가 많아져서 둘로 나누어 좌별초와 우별초로 만들었습니다. 그리고 몽골에서 도망해 온 사람들을 모아 부대를 만들었는데 이를 신의군이라 불렀습니다. 이렇게 삼별초는 도적을 막기 위해 만든 야별초에서 시작되었습니다. 그런데 여기서 말하는 도적은 우리가 일반적으로 알고 있는 도적과는 다릅니다.

지배층에 저항했던 백성들이 포함되어 있었거든요.

삼별초는 성을 지키거나 임금을 보호하는 친위대의 임무를 맡았는가 하면 외적과 싸우기도 했습니다. 이렇게 보면 삼별초는 국가의 공병이었습니다. 그러나 무신정권의 핵심 군사력이었던 것도 분명합니다. 삼별초는 백성들의 저항을 진압하는 데에는 물론, 무신들의 적을 제거하는 데에도 그들의 사병처럼 움직였습니다. 〈고려사〉에는 삼별초에 관해서 이렇게 적혀 있습니다.

'무신들이 삼별초에게 녹봉을 후하게 주고 죄인의 재물을 빼앗아 주기도 하였다. 그러므로 삼별초는 그들에게 힘을 다하였다. 김준이 최의를 죽이고, 임연이 김준을 죽이고, 송송례가 임유무를 죽이는 데 모두 삼별초의 힘을 빌렸다……'

이처럼 삼별초는 최씨 정권을 보호하고 유지시키는 역할도 했던 것입니다.

그런데 1231년 몽골과의 전쟁이 시작되면서 왕과 무신들은 갈등을 벌이게 되었습니다.

왕과 문신 세력은 몽골의 힘을 업고 무신들로부터 정권을 다시 찾으려 했고 무신들은 몽골에 저항하자는 입장이었습니다. 물론 무신들의 속셈은 몽골과의 전쟁을 이용해서 자신들의 정권을 유지하려는 것이었습니다. 이런 생각으로 최우는 일방적으로 수도를 강화도로 옮기면서 몽골과의 항쟁을 주장했습니다.

그러나 몽골과의 싸움으로 인한 피해가 심해지자 몽골과의 화해를 주장하는 쪽이 점점 힘을 얻기 시작했습니다. 결국 원종이 수도를 개경으로 옮기라는 몽골의 제안을 받아들이고 몽골군과 함께 귀국하면서 무신 정권은 완전히 무너지고 말았습니다. 그런데도 삼별초는 개경으로 다시 돌아가는 것을 반대하면서 본격적인 항쟁을 시작했습니다. 진도와 제주도로 본거지를 옮겨가며 1273년까지 고려·몽골 연합군과 싸움을 계속했습니다.

그런데 정말 삼별초가 몽골에 맞서 싸운 목적은 무엇이었을까요? 삼별초는 무신 정권을 위해 일했던 군대였고 무신 정권이 패하자 반란을 일으켰습니다. 이렇게 보면 삼별초는 그들이 섬기고 있던 무신 정권을 회복하고 왕과 문신들에게 보복하기 위해 오랫동안 싸운 게 됩니다. 거기다가 무신 정권을 붕괴시킨 세력이 몽골의 힘을 빌렸다는 점을 생각하면 삼별초가 몽골과 싸운 것 또한 단순한 보복의 성격을 벗어나지 못합니다.

하지만 개경으로 수도를 다시 옮기자는 주장이 몽골의 지배를 인정하는 것과 마찬가지였다는 점을 생각해 보면 그것에 반대한 삼별초는 분명 몽골의 지배에 반대해서 싸운 것입니다. 그러나 몽골에 맞서 싸운 것은 삼별초만이 아니었습니다. 삼별초가 그렇게 오랫동안 버틸 수 있었던 것은 백성들의 지지가 있었기 때문입니다. 백성들은 몽골을 끌어들인 고려 조정과 몽골의 억압에서 벗어나려고 투쟁을 했습니다. 결국 1270년부터 1273년까지 계속되었던 삼별초의 항쟁 속에는 몽골의 지배에 반대하는 백성들의 항쟁이 섞여 있었던 것입니다.

일반적으로 삼별초의 난을 가리켜 몽골의 침입에 맞서 끝까지 싸운 민족적, 자주적 항쟁이라고 합니다. 그러나 우리는 이런 주장을 그대로 받아들이기 전에 몇 가지를 생각해야만 합니다. 삼별초가 몽골에 맞서 싸우기까지의 과정, 삼별초의 성격 그리고 삼별초의 항쟁 속에 가려진 백성들의 힘겨운 투쟁……. 만일 이러한 점을 생략한 채 단지 몽골과 끝까지 싸웠다는 점 하나만으로 삼별초를 평가하는 것은 옳지 않습니다.

초등학생이 가장 궁금해 하는 우리 역사 베스트

묘청이 주장한 풍수지리설은
미신인가요?

고려 인종 때 묘청이라는 승려가 있었습니다. 묘청은 임금을 뵐 때마다 수도를 개경에서 서경으로 옮겨야 한다고 주장했습니다.

"개경은 이제 기운이 다 없어지고, 서경은 기운이 뻗는 시기이니 서경으로 수도를 옮기는 것이 좋을 듯합니다."

평소에 묘청을 가까이 했던 인종은 마음이 흔들렸습니다. 하지만 수도를 옮기는 일은 큰 일이었기 때문에 쉽게 결단을 내리지 못하고 있었습니다. 그런 임금의 마음을 눈치챈 묘청은 어느 날 저녁에 찾아와서 아주 간곡하게 말했습니다.

"서경엘 한번 다녀오시는 게 어떨까요?"

임금은 잠깐 주저했지만 결국 서경 나들이 길에 오르게 되었습니다.

"서경은 보시다시피 무엇이든 크게 일으키는 명당 자리입니다. 만약 이곳에다 궁궐을 짓고 폐하께서 머무르신다면 주위의 모든 나라가 복종할 것입니다."

전하, 이곳이 천하의 명당입니다.

확신에 찬 묘청의 말을 듣자 인종은 서경에 대화궁이라는 궁궐을 짓기로 했습니다. 하지만 묘청의 주장에 반대하는 신하들의 저항이 만만치 않았습니다. 그래서 묘청은 한 가지 꾀를 내었습니다.

132 한국사를 부탁해

인종이 대동강에서 뱃놀이를 즐기고 있을 때였습니다. 그런데 배 가까운 곳에서 여러 색깔의 기름이 떠올랐습니다.

"물 위에 떠 있는 게 무엇인고?"

인종이 물었습니다.

"마마, 이것은 용이 토한 오색 구름이옵니다. 서경이 고려의 수도가 될 징조가 나타난 것입니다."

하지만 묘청의 말을 이상하게 생각한 신하가 헤엄 잘 치는 사람을 시켜 물밑을 조사하도록 시켰습니다. 조사해 본 결과 기름은 오색으로 물들인 떡 시루 밑에서 올라오고 있었습니다. 묘청이 몰래 오색 떡을 만들고 거기에 기름을 부은 후 강 위로 떠오르게 했던 것입니다.

이 일이 들통나자 묘청은 궁지에 몰렸습니다. 그러나 묘청은 쉽게 포기하지 않았습니다. 그 뒤에도 개경의 땅이 이미 기운이 다하여 천재지변이 끊이지 않을 것이니 빨리 서경으로 수도를 옮기라고 주장했습니다.

그러나 묘청의 말과는 달리 오히려 서경에만 가면 온갖 재난이 따랐습니다.

갑자기 폭풍우가 몰아쳐 사람과 말이 다치는가 하면, 강 한가운데서 거센 바람을 만나 임금이 탄 배가 뒤집힐 뻔하기도 했습니다. 이렇게 임금이 서경에 갈 때마다 나쁜 일이 발생하자 묘청의 체면은 말이 아니었습니다. 결국 묘청의 주장은 실패로 끝나고 말았답니다.

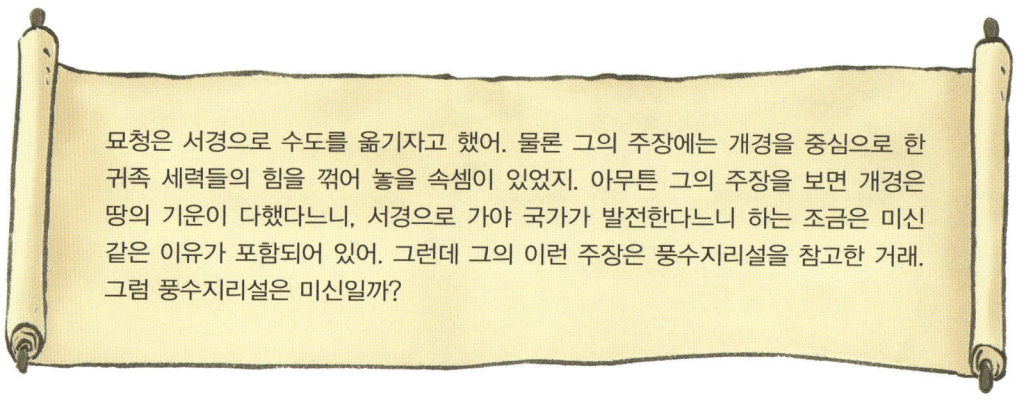

묘청은 서경으로 수도를 옮기자고 했어. 물론 그의 주장에는 개경을 중심으로 한 귀족 세력들의 힘을 꺾어 놓을 속셈이 있었지. 아무튼 그의 주장을 보면 개경은 땅의 기운이 다했다느니, 서경으로 가야 국가가 발전한다느니 하는 조금은 미신 같은 이유가 포함되어 있어. 그런데 그의 이런 주장은 풍수지리설을 참고한 거래. 그럼 풍수지리설은 미신일까?

궁금한 우리 역사 찾기

풍수지리설,
원래는 미신이 아니라 학문

묘청은 고려의 수도를 서경(지금의 평양)으로 옮기자고 주장했던 사람입니다. 당시 북쪽에서는 여진족이 금나라를 세우고 스스로를 형이라며 고려에 형제 관계를 맺자고 했습니다. 그런 상황에서 묘청은 서경의 임원역에 궁궐을 지으면 주변국들이 모두 머리를 조아릴 것이라고 설득했습니다.

그러나 그의 계획은 귀족들의 반대에 부딪혀 결국 좌절되고 말았습니다.

그런데 묘청이 수도를 옮기자는 주장은 풍수지리설에 근거를 둔 것이었습니다. 과연 풍수지리설은 뭘까요?

풍수지리는 산과 물의 형세를 살펴 주택, 묘지 등을 정하는 일종의 학설입니다. 땅에도 어떤 기운이 있어 인간의 길흉화복에 상당한 영향을 미친다는 주장이지요. 그래서 복을 받고 재앙을 피하려면 땅의 기운이 좋은 곳에 나라의 수도를 정하거나 묘지를 써야 한다는 것입니다. 묘청은 바로 이런 내용을 근거로 수도를 옮겨야 한다고 주장했던 것이지요.

산이 바람을 막고,

물이 열기를 식혀주는 구나.

그렇다면 풍수지리에서 좋다고 말하는 명당은 어떤 곳일까요? 명당은 산이 바람을 막아 주고 물이 열기를 식혀 주는 곳입니다. 그런데 어쩔 수 없이 명당이 아닌 땅을 선택했다면 그곳에 절이나 탑 등

134 한국사를 부탁해

을 세워 재앙을 막을 수도 있다고
합니다.

우리 나라에는 삼국 시대부터 풍
수지리설이 전래되어 왔습니다. 하
지만 풍수지리가 체계적으로 이용
된 것은 통일 신라 말기의 승려 도
선 때문입니다. 도선은 전국을 답
사한 경험을 바탕으로 풍수의 순함
과 거스름을 정하여 명당을 제시했

명당도 (온양 민속박물관)

습니다. 한 예로, 한반도가 동쪽으로 쏠린 땅덩어리여서 경주보다는 중부 지방이 수도로
적합하다는 주장을 들 수 있습니다.

하지만 조선 후기에 오면서 풍수지리는 더 이상 학문으로 인정받지 못하고 미신이라고
비난받기 시작했습니다. 도읍지나 묘지 등을 정하는 데 많은 영향을 미쳤음에도 불구하
고 왜 풍수지리설은 미신이라는 비판을 받게 되었을까요?

'풍'은 바람인데 기후와 풍토를 말하고, '수'는 물과 관련된 모든 것을 가리킵니다. 이렇
게 보면 현대 지리학과 다를 바가 없습니다. 다만 다른 것이 있다면 땅과 살아 있는 사람
과의 관계뿐 아니라 땅과 죽은 사람과의 관계까지도 따지는 것이 풍수지리의 특징이라
고 할 수 있습니다.

풍수지리의 논리는 인간에 혈관이 있듯이 땅 속에도 기가 생기는 길이 있다는 것입니
다. 살아있는 사람은 땅의 기운 위에 얹혀 살며 그 기운을 얻지만, 죽은 사람이 얻는 생
기는 후손에게 이어진다는 것이지요. 이런 주장에 따라 명당 자리에 묘를 써서 복을 받
으려는 사람들이 생겼습니다.

풍수지리의 학문적인 체계는 사라지고 미신적인 요소만 남게 된 것이지요.

하지만 지금은 풍수지리를 땅과 관련시켜 국토 과학으로 평가하려는 움직임이 일고 있
다고 합니다. 그러면 조만간 풍수지리설이 미신이라는 누명도 벗게 되지 않을까요?

초등학생이 가장 궁금해 하는 우리 역사 베스트

황희 정승은 정말
비가 새는 집에서 살았나요?

하루는 황희 정승의 맏아들인 황호안이 큰 집을 짓고 잔치를 벌였습니다.

잔치에는 많은 대신들이 참석했습니다. 황호안의 벼슬이 높기도 했지만 아버지 황희가 영의정을 지냈으니 당연한 일이었지요. 하지만 무슨 까닭인지 잔치에 꼭 참석해야할 황희 정승은 나타나지 않았습니다. 그래서 잔치는 정오가 다 되어서야 시작되었습니다. 흥겨운 가락이 울려퍼지고 맛있는 음식 냄새가 거리에 풍겼습니다.

잔치가 한참 무르익어 갈 즈음, 황희 정승이 대문에 들어섰습니다. 그러고는 뒷짐을 진채 말 없이 집 안 구석구석을 둘러보며 한숨을 내쉬더니 다시 밖으로 나가는 것이었습니다. 그러자 잔치는 그만 흥을 잃었고 사람들도 하나둘 자리를 떠났습니다.

그제야 아버지의 뜻을 알아차린 호안은 잘못을 깨닫고 작은 집으로 이사했습니다.

그 후로 며칠이 지난 어느 날, 세종 임금이 황희의 집을 방문했습니다. 소문대로 비가 새는지 궁금해서였습니다.

"상감마마, 어인 일이십니까?"

"황 정승이 어떻게 살고 있는지 보고 싶어서 들렀소. 어서 방 안으로 들어갑시다."

황희는 쩔쩔매면서 세종을 방 안으로 안내했습니다. 그런데 방 안에는 멍석이 깔려 있었습니다.

"바, 방석이 준비된 게 없어서……."

세종은 어쩔 줄 몰라하는 황희에게 슬쩍 물어 보았습니다.

"방 안에다 멍석을 깔고 살면 뭐 좋은 점이라도 있소?"

"자다가 등이 가려우면 쓱쓱 문지르옵니다. 그러면 아주 시원하옵지요."

"하하하, 그렇겠군."

세종은 다시 방 안을 둘러 보았습니다. 그러자 이번에는 천장 한곳에 구멍이 뻥 뚫린 것이 보였습니다.

"천장은 왜 뚫어 놓았소?"

"저번 비에 천장이 새길래 아예 뚫어 놓고 빗물을 받습니다. 빗물을 받으며 생각하니 가난한 백성들의 심정을 알 것 같았사옵니다."

세종은 황희의 말에 감탄을 하고 대궐로 돌아왔습니다.

"내 황 정승의 집에 들렀더니 소문대로 가난하게 살더이다. 멍석 바닥에, 천장엔 구멍이 뚫려 있고……. 황 정승의 녹봉(봉급)을 올려 주어야겠소."

"녹봉을 올려 봐야 소용없을 것이옵니다."

"아니, 왜요?"

"황 정승이 가난하게 사는 것은 녹봉이 적어서가 아니옵고 가난한 사람들을 도와 주어서 그런 줄로 아뢰옵니다."

대신들의 말에 세종은 다시 한 번 감탄했습니다.

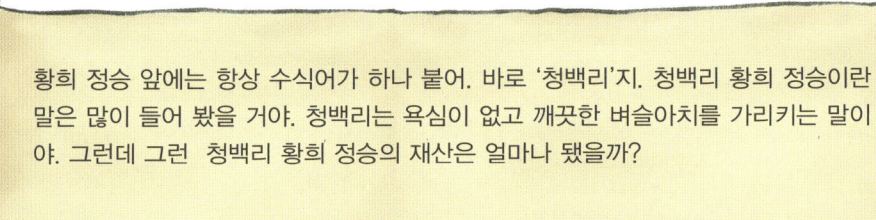

황희 정승 앞에는 항상 수식어가 하나 붙어. 바로 '청백리'지. 청백리 황희 정승이란 말은 많이 들어 봤을 거야. 청백리는 욕심이 없고 깨끗한 벼슬아치를 가리키는 말이야. 그런데 그런 청백리 황희 정승의 재산은 얼마나 됐을까?

궁금한 우리 역사 찾기

황희 정승은 상대적으로 깨끗했던 인물

황희 (1363~1452) 조선의 문신

황희는 가장 오랫동안 영의정을 지냈고 깨끗하기로 이름난 조선 시대의 관리입니다. 전해 오는 이야기에 따르면 그는 빗물이 새는 집에서 살았고, 가난한 사람들에게 밥을 더 주기 위해서 개들도 기르지 않았다고 합니다. 또 비가 샌다고 말하는 부인에게 '우리는 우산이라도 있지만 백성들은 그것마저도 없지 않소?'라고 말했다고 합니다.

그런데 한 나라의 영의정을 18년 동안이나 지낸 사람이 정말 방에 멍석을 깔고 비가 새는 집에서 살았을까요? 그런 일이 가능했을까요?

그 당시 영의정이 받는 녹봉은 일 년에 쌀 100가마니도 못 되었습니다. 그런데 기록을 보면 황희 정승은 약 10만 평이 넘는 토지와 백 명이 넘는 노비를 소유하고 있었습니다. 이것은 황희 정승의 수입이 녹봉이었다기보다는 그 넓은 땅에서 노비들이 땀흘려 농사지은 수확물이었다는 뜻입니다. 그가 가졌던 재산은 결코 적은 재산이 아니었던 것입니다. 그러니 황희 정승이 비가 새는 낡은 집에서 살았을 가능성은 거의 없습니다.

〈세종실록〉의 기록을 보면 황희 정승이 노비를 뇌물로 받아서 문제가 된 것이 무려 10여 차례나 되며, 그 일로 세종이 여러 번 그를 혼낸 적이 있다고 적혀 있습니다.

그 시대의 가장 큰 뇌물은 노비였습니다. 조선 시대 관리라면 누구나 노비를 뇌물로 받았고 그 일을 서로 눈감아 주었습니다. 그래서 황희 정승이 노비를 뇌물로 받은 사건은 별로 큰 사건이 아니었던 것입니다.

그런데 왜 황희 정승만 청백리라고 불렸을까요? 그 이유는 다른 관리들과 비교했을 때 그가 받은 뇌물의 정도가 덜 했기 때문입니다. 황희 정승은 뇌물을 먼저 요구하는 일이 없었고 다른 사람들에 비해 뇌물을 덜 받았기 때문에 상대적으로 깨끗하게 생각되었던 것뿐이었지요. 그래서 어울리지도 않는 청백리가 된 것입니다.

초등학생이 가장 궁금해 하는 우리 역사 베스트

사육신과 생육신은
어떤 사람들인가요?

수양대군이 임금의 자리를 빼앗자 몇몇 신하들은 단종을 다시 왕으로 모시기 위해 방법을 궁리했습니다.

하루는 성삼문, 박팽년, 하위지, 유성원, 이개, 유응부 등이 한 자리에 모였습니다.

"우리가 지금 죽거나 관직에서 물러나서는 안 될 것입니다. 각각 벼슬을 잘 지키면서 기회를 엿보아 일을 시작합시다!"

이렇게 의견을 모은 그들은 아무런 내색을 하지 않고 묵묵히 자기 일을 하며 기회를 노렸습니다.

얼마 안 있어 김질이라는 사람이 그들과 뜻을 같이 하기로 했습니다. 그는 큰 일을 위해 목숨을 내놓겠다는 맹세를 한 뒤 함께 일을 꾸몄습니다.

그러다가 마침내 기회가 왔습니다. 명나라 사신이 돌아가게 되어서 세조(수양대군)는 단종과 함께 사신을 보내는 의식에 나가게 되어 있었습니다. 성삼문을 비롯한 동지들은 이 기회를 놓칠 수가 없었습니다.

단종을 다시 왕으로!

"유응부에게 보검잡이를 시킬 수 있도록 합시다."

보검잡이는 임금이 앉는 자리 앞에서 큰 칼을 들고 서 있는 관리를 말합니다. 그들은 유응부에게 보검을 잡게 하여 틈을 봐서 세조의 목을 벨 계획이었습니다. 그러나

140 한국사를 부탁해

그 계획은 실패하고 말았습니다. 세조가 갑자기 뜻밖의 분부를 내렸기 때문입니다.

"오늘은 날씨가 덥고 장소도 좁으니 보검잡이는 들이지 말라!"

계획이 수포로 돌아가자 동지들은 한 자리에 모여 땅을 치며 울었습니다.

그런데 이상하게도 그 자리에 김질이 보이지 않았습니다. 그는 일이 실패로 돌아가자 동지들을 배반하고 그동안의 일을 세조에게 알렸습니다.

다음 날, 세조는 일을 꾸몄던 사람들을 차례로 불러들였습니다. 제일 먼저 불려 온 사람은 성삼문이었습니다.

"네가 나머지 다섯 사람들과 함께 역모를 꾀하였느냐?"

"그렇소이다."

성삼문은 모든 일을 깨닫고 태연히 대답했습니다. 세조는 화가 치밀었습니다.

다음으로 심문을 받은 사람은 박팽년이었습니다.

"너는 나의 신하인데 어찌 나를 배반하려 했느냐?"

"나는 나으리의 신하가 아니오."

박팽년은 세조를 왕이 아닌 나으리라 부르며 대답했습니다.

하위지, 유성원, 이개, 유응부의 순서로 계속되었습니다. 그들은 하나같이 세조를 나으리라 부르며 그저 빨리 죽여 달라고만 부르짖었습니다.

이들 여섯 사람은 그렇게 차례대로 사형장으로 끌려 갔습니다.

노량진에 가면 사육신 묘가 있어. '사육신'은 단종을 다시 왕으로 세우려다 죽임을 당한 여섯 신하를 가리키는 말이야. 오직 한 임금만을 섬기기 위해 목숨을 바친 신하들이지.
그런데 '생육신'이라는 말을 들어 본 적 있니? 생육신도 사육신과 마찬가지로 한 임금을 섬기다 죽은 신하들을 가리켜. 이번에는 사육신과 생육신에 대해 살펴 보도록 할까?

궁금한 우리 역사 찾기

단종을 위해 살고 죽은 열두 충신

12살의 어린 나이로 왕위에 오른 조선 제6대 임금 단종에게는 일찍부터 딴 생각을 가지고 있던 숙부가 있었습니다. 그가 바로 후에 세조가 되는 수양대군입니다.

수양대군은 임금의 자리에 욕심이 많았습니다. 그래서 어린 조카 단종을 몰아내고 자신이 왕이 되고자 계략을 세웠습니다. 그는 먼저 힘 꽤나 쓴다는 건달패며 계략을 잘 꾸미는 책략가들을 불러 모았습니다. 그러고는 호시탐탐 단종을 몰아낼 기회를 엿보았습니다.

하지만 단종을 몰아내려는 수양대군의 음모를 가로 막는 커다란 장애가 있었는데 바로 호랑이 정승이라고 소문난 김종서였습니다. 김종서는 세종의 명을 받아 여진족의 숨통을 죄었던 대단한 인물이었습니다.

수양대군은 먼저 김종서를 제거했습니다. 그러고는 바로 대궐로 들어가서 임금의 명령이라며 신하들을 불러 들였습니다. 그리고 미리 만들어 둔 살생부(죽일 사람과 살릴 사람을 가려 적은 명단)에 따라 단종의 세력들을 모조리 죽였습니다. 이제 나라는 수양대군의 것이었습니다.

한편, 세조에 의해 임금의 자리에서 쫓겨난 단종은 태어난 지 이틀만에 어머니를 여의고, 10살 때 할아버지 세종을 여의었습니다. 그리고 12살 때는 아버지 문종마저 잃고 왕이 되었습니다. 하지만 3년 2개월이라는 짧은 기간을 왕으로 있다가 17세의 어린 나이로 억울하게 죽은 비극적인 인물입니다.

그런데 단종에게는 일편단심으로 그를 섬기는 신하들이 있었습니다. 바로 사육신과 생육신 같은 신하들입니다.

142 한국사를 부탁해

먼저 사육신이란, 앞의 이야기에서처럼 단종을 다시 임금의 자리에 앉히려다 발각되어 죽음을 당한 여섯 명의 신하를 말합니다. 이들 여섯 명 가운데 무신인 유응부를 제외하고는 모두 집현전 학사 출신이었습니다. 세종의 신임을 받고 또, 문종으로부터는 나이 어린 세자를 잘 보살펴 달라는 유언을 받은 신하들이지요.

그래서인지 수양대군은 왕에 된 후 집현전을 없애 버렸습니다.

단종을 향해 충성을 다한 신하들로는 생육신도 있습니다.

생육신은 사육신처럼 목숨을 바치지는 않았습니다. 하지만 평생 세조 밑에서 벼슬을 하지 않으며 절개를 지켰습니다. 그래서 이들을 사육신과 비교하여 생육신이라 합니다.

생육신은 김시습, 남효온, 이맹전, 성담수, 원호, 조려의 여섯 신하를 가리킵니다. 이들 가운데 김시습은 사육신이 처형당했던 장소를 찾아가 시체를 거두어 묻어 주었습니다. 서울 노량진에 있는 사육신 묘는 이렇게 만들어졌습니다.

이처럼 사육신과 생육신은 목숨을 바쳤냐 아니냐에 따라 나뉘어지지만 모두 단종에게 충성을 다했던 신하들입니다.

사육신 묘 조선 단종의 숙부인 수양대군이 단종을 몰아내고 왕위에 오르자 단종을 다시 왕으로 세우려다 죽은 여섯 충신의 묘. 서울 동작구 노량진동

143

초등학생이 가장 궁금해 하는 우리 역사 베스트

과거 시험이 논술 고사였다고요?

조선 제9대 임금인 성종은 밤에 대궐을 나가 미행하는 일이 많았다고 합니다.

어느 해 겨울, 거리에는 눈이 쌓이고 매서운 바람이 몰아치는 밤이었습니다. 성종은 내시 둘을 데리고 대궐을 나섰습니다.

성종 일행은 남산골을 향하여 걷고 있었습니다. 그때 어디선가 글 읽는 소리가 들려 왔습니다.

성종은 가만히 서서 귀를 기울이다가 그 소리를 따라가 보았습니다.

글 읽는 소리는 다 쓰러져 가는 초가집에서 흘러나오고 있었습니다. 그런데 가까이 가서 들으니 글 읽는 소리에 힘이 없었습니다.

잠시 후, 부인이 부엌에서 나오며 소리쳤습니다.

"이틀이나 굶으신 양반이 차가운 방에서 글 읽을 기운이 나세요? 어서 주무세요."

그러자 글을 읽던 남편이 대꾸했습니다.

"배가 고픈데다 방이 차서 잠을 잘 수가 없으니 이 방법밖에 더 있소?"

두 사람의 말을 들은 성종은 헛기침을 몇 번 하더니 집 안으로 들어섰습니다.

"지나가는 사람인데 불 좀 얻을 수 있겠습니까? 등불이 꺼져서요."

그러면서 성종은 방으로 들어갔습니다. 성종은 주인 남자와 인사를 한 후 글에 대해 이 것저것 물어 보았습니다. 그런데 얘기를 나누면 나눌수록 성종은 입을 다물 수 없었습니다. 그 남자의 지식이 매우 놀라웠기 때문입니다.

"주인장같이 학식이 높은 분이 왜 여태껏 과거에 급제하지 못했는지 모르겠습니다. 직접 지은 시나 글은 없습니까?"

성종은 남자에게 건네 받은 글을 읽어 보았습니다. 그리고 그 가운데 하나를 골라 칭찬을 늘어놓았습니다.

"내가 들으니 일주일 뒤에 과거가 있다고 하던데, 이번에는 망설이지 말고 꼭 응시하십시오."

성종은 가난한 선비를 돕고 싶은 마음에 예정에도 없는 과거가 있다고 말한 뒤 시험을 꼭 보라고 당부한 뒤 집을 나왔습니다.

이튿날 성종은 전국에 과거 시험이 있다고 알리도록 했습니다.

이윽고 과거 시험 보는 날이 되었습니다.

넓은 시험장에는 많은 선비들이 열심히 시험을 치르고 있었습니다. 그 시험장에는 얼마 전 성종이 만났던 선비도 있었습니다.

'아니 이건 내가 쓴 시와 제목이 같지 않은가?'

정말 시험 제목은 며칠 전 성종이 아낌없는 칭찬을 했던 시의 제목과 똑같았습니다.

다, 당신은?

장원급제!

한참 뒤 시험이 끝나자 성종은 그날 만났던 선비의 글이 들어오기만을 기다렸습니다. 드디어 기다리던 글을 받은 성종은 살펴 볼 것도 없이 그를 장원 급제시켰습니다.

조선 시대에는 벼슬을 하기 위해 과거 시험을 봐야 했어. 그나마도 시험이 매년 있지 않아서 벼슬하기가 아주 힘들었대. 그런데 그때의 과거 시험은 어떤 문제가 나왔을까? 지금 대학 수학 능력 시험과 같았을까?

궁금한 우리 역사 찾기

논술 위주로 본 옛날의 과거 시험

과거 시험은 나라에서 관리를 뽑는 시험을 말합니다. 과거 시험과 관련된 것으로는 시험지인 시권, 합격증서인 홍패와 백패, 합격자 명단인 방목 등이 있습니다.

이 가운데 홍패는 문과와 무과 급제자에게 주었고, 백패는 생원·진사 시험과 잡과 합격자에게 주었습니다.

과거 시험에 응시하려면 먼저 시험지 윗 부분이나 끝부분에 본인의 관직, 이름, 나이, 본관, 거주지와 자신의 4조(아버지, 할아버지, 증조할아버지, 외할아버지)의 이름과 본관을 다섯 줄로 써내야 했습니다. 그런 뒤에 이름을 알아볼 수 없도록 종이를 붙이거나 원통처럼 말아 올렸습니다. 만일 본인이나 4조의 기록을 제대로 적지 않거나 틀리게 적은 경우에는 합격하더라도 합격이 취소되었기 때문에 여간 조심하지 않으면 안되었습니다.

그런데 과거 시험을 누구나 볼 수 있었던 것은 아닙니다. 수공업자, 상인, 무당, 승려, 노비, 서자는 시험에 응시할 자격이 없었습니다. 또, 범죄자, 행실이 나쁜 여자의 아들과 손자, 국가의 재산을 횡령한 사람의 아들 등도 시험에 응시할 수 없었습니다.

과거 시험은 3년마다 한 번 보는 식년시가 원칙이었고 국가에 큰 경사가 있을 때 보는 증광시가 있었습니다.

그런데 과거 시험에는 어떤 문제가 나왔을까요?

글장 과거 시험 답안지

146 한국사를 부탁해

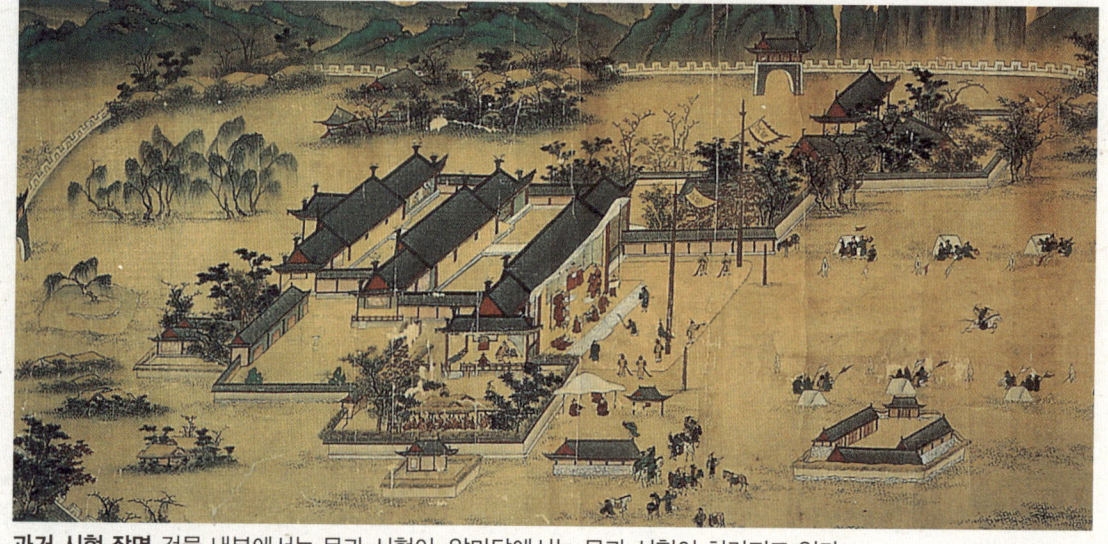

과거 시험 장면 건물 내부에서는 문과 시험이, 앞마당에서는 무과 시험이 치러지고 있다.

시험의 종류에는 크게 세 가지가 있었습니다. 유교의 경전을 읽고 뜻을 풀이하는 강경, 문학이나 유교 경전의 내용을 바탕으로 글을 쓰는 제술, 외국어를 베껴 쓰거나 번역하는 사자(또는 역어) 등이었습니다.

시험 문제에는 다음과 같은 물음이 있었습니다.

- 국가에서 인재를 등용하자면 어떻게 해야 할 것인가?
- 백성을 위로하고 편안하게 함이란 무엇인가?
- 농업을 진흥하자면 어떠한 방책이 있는가?

시험이 끝나면 시험지를 거두고 방방을 거쳐 큰 종이에 합격자 명단을 써 붙였습니다. 방방이란, 시험에 응시한 사람의 답안지를 채점하고 여러 번의 확인 과정을 거쳐 합격자를 발표하는 절차를 말합니다.

합격자가 결정되면 북을 치면서 'ㅇㅇ 동네 사는 ㅇㅇ의 아들 ㅇㅇ, 나이는 ㅇㅇ, 장원 급제!' 라고 큰 소리로 세 번 외칩니다.

보통 합격자는 식년시 문과와 증광시 문과에서는 33명, 식년시 무과, 증광시 무과에서는 28명을 뽑았습니다. 그리고 잡과는 46명을 뽑았습니다.

초등학생이 가장 궁금해 하는 우리 역사 베스트

조선 시대 학생들은
어떻게 데모를 했나요?

　조선 중종 때 선비 조광조는 대나무처럼 곧은 사람이었습니다. 그는 어려서부터 새벽에 닭이 울 때쯤 일어나 얼굴을 씻은 뒤 무릎을 꿇고 앉아 공부를 했습니다.

　이렇게 자란 조광조는 과거 시험에 합격한 뒤 중종 임금의 특별한 배려 속에서 빠르게 벼슬이 올랐습니다. 나이 서른여덟에 대사헌을 지낼 정도였습니다. 대사헌은 정치에 대해 논하고 관리들의 비리를 조사하는 사헌부의 으뜸 벼슬이었습니다.

　그는 하루 세 번씩 임금을 찾아가서 훌륭한 정치를 할 수 있도록 도와 주었습니다.

　"세금이 너무 많아 백성들이 고통을 받고 있습니다. 조정에서 쓰는 비용을 아끼고 세금을 낮추는 것이 옳다고 봅니다."

　"지금 신하들 가운데는 공을 세우지 않고도 높은 벼슬과 넓은 땅을 가지고 있는 사람이 많습니다. 그리하여 나라와 백성들에게 큰 피해를 끼치고 있으니 그들을 가려 내어 적절한 조치를 취해야 합니다."

　중종 임금은 조광조의 말이라면 무엇이든 새겨들었습니다. 또, 백성들과 젊은 선비들은 하나같이 그를 우러러 보았습니다.

　"이제야 나라의 기강이 바로 잡혀 태평성대를 맞이하겠구나!"

　하지만 그의 이름이 널리 알려질수록 그를 반대하는 무리들도 많아졌습니다.

　"이러다간 우리 모두 쫓겨나겠습니다. 이대로 가만히 있을 수는 없지 않습니까?"

　높은 벼슬과 넓은 땅을 가지고 있던 신하들은 불안을 느껴 조광조를 없앨 음모를 꾸미기 시작했습니다.

　당시 중종의 후궁 가운데 희빈 홍씨가 있었습니다. 그녀는 음모에 가담한 홍경주의 딸이었습니다.

하루는 홍경주가 은밀히 딸을 찾아갔습니다.

"궁궐 안의 나뭇잎에 꿀로 '走肖爲王(주초위왕)'이라는 글을 써 놓거라. 그러면 벌레들이 꿀을 따라 잎을 갉아먹으면 글씨가 드러날 것이야. 그러면 네가 우연히 그 잎을 발견한 척하고 전하께 보이도록 하여라."

'走肖爲王(주초위왕)'은 조씨가 왕이 된다는 뜻이었습니다. 홍경주 일당이 왕의 마음을 움직여 조광조를 멀리하게끔 만들기 위해 꾸민 음모였던 것입니다.

그들의 계획대로 벌레가 파먹은 나뭇잎을 임금이 보게 되었습니다. 화가 난 중종은 조광조를 귀양 보냈습니다. 그러자 성균관 학생들이 대궐로 몰려 들어와 상소를 올리며 곡소리를 냈습니다.

"재상 조광조는 오직 이 나라의 장래를 위해 일하신 분입니다."

"전하, 대신들의 흉계에 넘어가지 마옵소서. 대사헌 조광조에게 내리신 벌을 거두어 주옵소서."

성균관 학생들은 몇 날 며칠을 궁궐 앞에 꿇어앉아 사정을 했습니다. 그러나 조광조는 결국 사약을 받고 세상을 뜨고 말았습니다.

백성들과 젊은 선비들의 지지를 받던 조광조가 억울하게 죽은 건 참 안타까운 일이야. 그런데 예법을 강조했던 조선 시대에 성균관 학생들이 뛰쳐 나와 임금님에게 항의하는 일이 있을 수 있었을까? 지금으로 보면 학생들이 데모를 한 셈인데……

궁금한 우리 역사 찾기

동맹 수업 거부부터 과격 권당까지 있었다

우리나라의 대학교는 삼국 시대부터 있었습니다. 바로 고구려 소수림왕 때 생긴 태학을 최초의 대학이라고 할 수 있습니다. 그 뒤 통일 신라 시대에는 신문왕이 국학을 세웠고, 고려 시대에는 성종 때 국자감을 설립했습니다. 조선 시대에는 성균관이 최고 교육 기관이었는데 그곳은 학문을 강의하고 연구하는 곳이었습니다.

그런데 옛날의 학생들은 불의를 보면 어떻게 행동했을까요? 역사 드라마에서처럼 상소를 올리는 일로 자신들의 생각을 표현했을까요? 그렇지만은 않았습니다. 옛날 학생들도 오늘날의 학생들과 마찬가지로 데모를 해서 그들의 생각을 나타냈습니다. 물론 조선시대 이전에는 학생들의 데모에 대한 기록이 발견되지 않습니다. 하지만 아예 없었다고는 볼 수 없습니다.

서당, 승당, 사학, 성균관 등의 교육 기관에서 벌이는 데모를 보통 '권당'이라고 합니다. 권당은 학생들이 일제히 공부방을 비워 학습을 중단시키는 것인데 오늘날의 동맹 수업 거부 같은 것입니다.

이렇게 단순히 공부방을 비우는 권당 이외에도 재미있는 데모 법이 있었습니다. '청맹 권당'이라는 게 있어서 학생들이 공부방에 앉아 있기는 하나 눈뜬 장님 흉내를 내는 방법도 있었습니다. 또, 이보다 더 격렬한 방법으로 '호곡 권당'이 있었는데 이

150 한국사를 부탁해

성균관 명륜당 성균관은 조선 시대 최고의 교육 기관으로 지금의 대학교라고 할 수 있다. 명륜당은 성균관 유생들이 강의를 듣던 곳이다.

것은 학생들이 집단으로 '아이고, 아이고!'하는 곡소리를 내면서 대궐 앞까지 진출하는 데모였습니다.

조선 시대의 가장 과격했던 학생 데모는 중종 때 있었습니다. 개혁 정치를 통해 젊은 선비와 백성들의 지지를 받았던 조광조가 옥에 갇혔을 때 일어난 데모가 조선 최대의 시위였습니다. 조광조가 옥에 갇히자 성균관 학생들과 선비들이 합세해서 광화문으로 몰려들었습니다. 처음에는 상소문을 올려 억울한 조광조를 풀어 달라고 호소하다가 나중엔 근정전(임금이 조회를 하는 곳)까지 쳐들어가 왕을 직접 만나 따지겠다고 나섰습니다. 그러자 대궐 병사들이 데모하는 학생들을 저지했고 그 과정에서 서로 몸싸움이 일어나 부상자가 생겼습니다. 그런데 이 데모는 너무 과격해서 오히려 조광조의 죽음을 재촉하고 말았습니다. 데모가 있은 다음 날 조광조에게 사약이 내려졌거든요.

그 뒤로는 권당의 과격한 행동은 줄어들었고 단지 곡소리만 높이는 방법으로 바뀌었습니다.

조선 시대의 권당은 큰 뜻을 위한 것이어서 효종 때 영의정 이후원은 '성균관 권당의 명분만 따르시면 역사에 남을 성군이 되십니다.'라고 임금께 아뢸 정도였답니다. 그 정도로 학생 데모는 임금과 관리들에게 깨우침을 주는 역할을 톡톡히 했던 것입니다.

 초등학생이 가장 궁금해 하는 우리 역사 베스트

신문고는 아무나 두드릴 수 없었다고요?

조선 영조 때의 일입니다.

충청도 어느 마을에 홍선보라는 사람이 살고 있었습니다. 그런데 그는 동네에서 살인 사건이 일어났을 때 우연히 그곳을 지나가다가 살인자 누명을 쓰고 옥에 갇히게 되었습니다.

"나리, 나는 맹세코 그 사람을 죽이지 않았습니다. 지나가다가 우연히 그 장면을 보았을 뿐입니다. 정말 억울합니다."

선보는 자신이 결백하다고 외쳐댔지만 아무도 그의 말을 믿어 주지 않았습니다.

한편, 남편이 옥에 갇혔다는 소식을 들은 부인은 그저 막막하기만 했습니다.

'살인죄 누명을 썼으니 사형당할 게 분명해. 그럼 갓 태어난 우리 아들은 어떻게 키우고 난 어떻게 살아가지?'

부인은 금방이라도 남편이 죽을 것처럼 슬프게 눈물을 흘리더니 갑자기 울음을 뚝 그쳤습니다.

'그래, 궁궐 밖에 있는 신문고를 두드리면 억울한 사연을 풀어 준댔어. 당장 서울로 올라가서 남편의 누명을 벗겨야지.'

부인은 갓난 아들을 이웃에 맡기고 서둘러 서울로 올라갔습니다.

하지만 신문고를 치는 일이란 말처럼 쉽지 않았습니다.

'여기서 포기하면 남편은 살인자가 되고 말 거야. 그러면 나와 아들은……'

부인은 오직 신문고를 쳐야 한다는 생각에 동냥질도 마다하지 않았습니다.

그러나 부인은 결국 신문고의 그림자도 보지 못한 채 죽고 말았습니다.

어느덧 열 살이 된 홍선보의 아들은 아버지의 억울한 사연과 어머니의 슬픈 소식을 듣게 되었습니다.

'내가 두 분의 한을 풀어 드려야겠다.'

이렇게 결심한 아들은 곧장 서울로 올라갔습니다. 그리고 간신히 신문고를 두드릴 수 있었습니다. 하지만 담당 관리가 그 일을 보고하지 않아서 아들의 사연은 왕에게 전해지지 않았습니다.

기다림에 지친 아들은 고향을 향하여 무거운 발걸음을 옮기던 중 형조판서를 만나게 되었습니다.

"나리, 제 아버지의 누명을 벗게 해 주십시오. 제 아비는……."

아들의 사연을 들은 형조판서는 누명을 꼭 벗게 해 주겠다고 약속했습니다.

그러나 그 일은 워낙 오래 전의 사건이라서 문서가 남아있지 않아 해결이 무척 어려웠습니다.

그러는 동안 아들의 몸은 병들어 갔고 얼마가지 않아 그만 정신을 잃고 말았습니다. 잠깐 정신을 차린 아들은 아버지가 풀려 난다는 소식을 들으며 영영 눈을 감고 말았는데, 그때 아들의 나이 열네 살이었다고 합니다.

너희들도 신문고에 대해 들어 봤지? 억울한 일이 있으면 누구든지 칠 수 있었다던 북 말이야. 그런데 홍선보의 부인은 신문고를 보지도 못 한 채 죽었어. 왜 그랬을까? 정말 신문고를 두드리면 억울한 일이 해결되었던 걸까?

궁금한 우리 역사 찾기

신문고를 치기까지는 어려움이 많았다

앞의 이야기에서처럼 신문고를 치는 일이란 쉽지 않았습니다.

첫 번째 이유는 신문고가 서울에만 설치되어 있었기 때문입니다. 지방에 살던 사람이 신문고를 치기 위해서는 일단 서울로 올라와야 했습니다. 그런데 교통이 발달하지 못했던 시절에 서울까지 간다는 건 그리 쉬운 일이 아니었습니다. 그래서인지 신문고를 보지도 못하고 죽은 사람이 더 많았다고도 합니다.

그 다음 이유는 복잡한 절차에 있습니다. 절차를 정해 놓은 이유는 아무나 두드리는 일을 막기 위해서였다는데 그 절차가 간단하지 않았습니다.

아래 그림을 보세요.

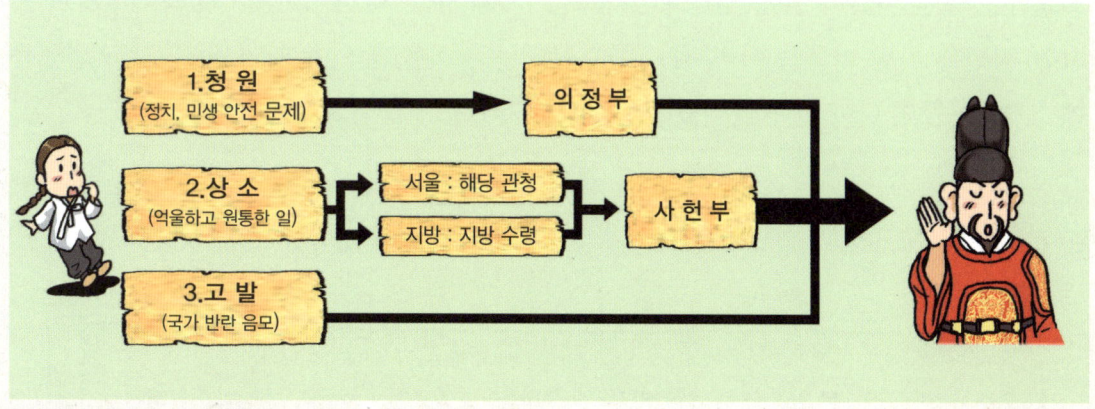

그림처럼 신문고를 치는 방법에는 세 가지가 있습니다. 그 가운데 백성들이 억울한 일이 있었을 때 신문고를 치는 방법은 두 번째지요. 이 경우 먼저 해당 관청에 찾아가거나 편지를 써서 자신의 억울한 사연을 알려야 했습니다.

154 한국사를 부탁해

그래도 해결되지 않을 때만 신문고를 칠 수 있었습니다.

하지만 신문고를 그냥 칠 수 있었던 건 아닙니다. 우선 억울한 사연을 말하면 담당 관리가 종이에 받아 적고, 그 사람의 이름과 주소를 확인한 다음에야 북을 두드리게 했습니다. 그러나 설령 북을 쳤다고 하더라도 그것이 왕에게 보고되는 일은 거의 없었다고 합니다.

마지막으로 신문고를 치기 어려웠던 이유는 당시의 신분 제도에 있습니다.

조선 시대 법전인 〈경국대전〉에는 이렇게 적혀 있습니다.

'하급 관리나 노비들이 윗사람을 고발하는 경우와 백성들이 그 지방 관리를 고발하는 경우는 오히려 벌을 받는다.'

그래서인지 실제로 양반 집의 노비가 신문고를 치려고 왔을 때 담당 관리가 노비를 말렸던 일도 있었다고 합니다. 그렇지만 양반들은 신문고를 이용하기가 쉬웠을 거라는 건 이미 짐작했겠지요? 그래요, 당시의 기록을 보면 신문고를 이용한 사람의 대부분은 양반들이었습니다.

하지만 국가의 위험을 알리는 첫 번째, 세 번째의 경우는 아무런 제약없이 신문고를 직접 칠 수가 있었다고 합니다.

백성들이 억울한 일을 당했을 때 임금께 직접 호소하라고 만들어 놓은 신문고였지만 백성들에게는 그저 그림의 떡이었습니다. 결국 두드리면 들어준다던 신문고는 양반들의 욕심을 채우는 수단에 지나지 않았던 것입니다.

 초등학생이 가장 궁금해 하는 우리 역사 베스트

광해군은 정말 폭군이었나요?

조선 제15대 임금인 광해군은 어렸을 때 무척 똑똑하고 재치가 있었습니다.

한번은 그의 아버지 선조가 왕위 문제를 놓고 고민하다가 여러 왕자들을 불러 놓고 그들의 슬기를 시험에 본 일이 있었습니다.

"너희들은 이 세상에서 가장 맛있는 음식이 무엇이라고 생각하느냐?"

선조가 이런 질문을 하자 왕자들은 떡이니 꿀이니 고기니 하고 대수롭지 않게 말했습니다. 그런데 광해군만은 뜻밖의 대답을 했습니다.

"소금입니다."

그러자 선조가 이유를 물었습니다.

"모든 음식에는 소금이 들어가야 맛이 나기 때문입니다."

선조는 크게 만족해서 다른 왕자를 물리치고 광해군을 세자로 삼았습니다.

하지만 그런 세자의 영리함은 나이가 들면서 난폭하고 고집스러운 행동으로 변했습니다. 그래서 선조는 광해군을 세자로 책봉한 것을 후회하며 영창대군을 다시 세자로 세우려고 신하들과 의논을 했습니다.

하지만 선조는 병이 깊어져 뜻을 이루지 못한 채 눈을 감고 말았습니다.

왕위에 오른 광해군은 밤낮 술타령을 하며 국정을 돌보지 않았습니다. 그런 틈을 타서 벼슬을 사고 파는 일이 유행했고, 예기치도 않은 사건들이 일어나서 죄없는 사람들이 귀양을 가거나 죽었습니다. 그런데도 광해군은 무당들이 하는 허황한 소리에 마음을 두고 여러 가지 큰 공사를 일으켜 백성들을 괴롭혔습니다.

그뿐만이 아니었습니다. 과거 시험을 장난처럼 실시하여 어떤 사람은 왕에게 산삼을

바쳐 영의정이 되기도 했습니다.

그래서 백성들 사이에 이런 글이 유행했습니다.

'산삼 바쳐 된 정승 사람마다 부러워하고, 잡채 올려 따낸 판서의 그 권세가 과연 놀랍구나.'

거기다가 광해군은 남을 의심하여 곧잘 죽이곤 했는데 그가 한 번 의심을 했다 하면 형, 아우, 어머니를 따지지 않았습니다. 그래서 형인 임해군을 죽이고, 나이 어린 아우 영창대군 또한 방에 가두고 불을 질러 죽였습니다.

광해군 옆에는 늘 아첨하는 신하들이 들끓었고, 사악한 궁녀들 그리고 요사스런 무당들이 있었습니다. 또한, 광해군이 국정을 돌보지 않는 탓에 백성들은 더욱 힘들어지고 나라는 점점 썩어갔습니다.

앞의 이야기는 광해군을 나쁘게 평가하는 내용이야. 이 글처럼 광해군은 형과 아우를 죽이고 어머니까지 궁궐에 가둔 폭군으로 알려져 있어. 또, 임금으로서 할 도리를 다하지 않고 나라를 어지럽히다가 결국 왕위에서 쫓겨나고 말았지.
광해군은 정말 방탕한 임금이었을까? 나라를 혼란에 빠뜨린 폭군이었을까?

궁금한 우리 역사 찾기

폭군이었지만 업적이 많은 광해군

　광해군은 임진왜란 중에 세자로 책봉되었습니다. 별안간 쳐들어온 왜구에 밀려 궁궐마저 버리고 쫓겨 가야 하는 상황에서 선조는 서둘러 후계자를 정하려고 했던 것입니다.

　그러나 광해군이 왕위에 오르는 과정은 그리 순탄하지 못했습니다. 선조가 새로 맞이한 왕비(인목대비)가 영창대군을 낳았기 때문이었습니다. 광해군을 세자로 책봉할 당시만 해도 선조에게는 후궁에게서 태어난 왕자들만 있었습니다. 그러나 왕비가 아들을 낳자 조정에서는 영창대군이 왕위를 이어야 한다는 주장이 나왔습니다. 이러한 소동 속에서 광해군은 어렵게 왕위에 올랐습니다.

　하지만 왕이 된 뒤에도 광해군은 하루도 편할 날이 없었습니다. 친형인 임해군과의 관계는 물론이고 나이 어린 이복 동생인 영창대군 또한 골칫거리였습니다. 먼저 임해군은 맏아들임에도 불구하고 성격이 난폭하다는 이유로 세자로 책봉되지 못했습니다. 이에 대한 반발심으로 임해군은 광해군을 헐뜯고 다니면서 자기 세력을 모아 광해군을 제거하려는 움직임을 보이기도 했습니다.

　다음으로 영창대군은 선조의 적자였기 때문에 서자인 광해군으로서는 경계하지 않을 수 없는 존재였습니다. 이런 상황에서 광해군은 왕권 강화를 위해 형과 아우를 죽이게 됩니다. 그리고 얼마 지나지 않아 인목대비를 국모의 자리에서 쫓아내는 일까지 저질렀습니다. 이런 사건들을 보면 광해군이 폭군인 것 같기도 합니다.

　그런데 정말 광해군은 폭군이었을까요?

　광해군이 형과 동생을 살해하고 계모인 인목대비를 궁궐에 가두었던 것은 사실입니다. 하지만 그러한 일은 어디까지나 광해군의 힘을 업고 자신들의 세력을 키우려고 했던 신하들에 의해 이루어진 사건이었습니다. 결국 광해군은 왕권을 이용하여 자신들의 정권을 유지하려고 했던 당파 싸움에 휘말리고 말았던 것이지요.

광해군은 일반적으로 알려진 부정적인 평가와는 달리 임진왜란 직후에 무너진 사회 질서를 바로잡기 위해 많은 노력을 했습니다. 앞날에 대비해서 군사를 모집하고 병기를 고치거나 만들었는가 하면, 전쟁으로 불타 없어진 궁궐과 관청을 다시 지으려 했습니다. 또한, 백성을 괴롭혀 왔던 공납의 부조리를 고치기 위해 대동법을 실시했습니다.

대동법은 그 동안 각 지방에서 공물로 바치던 특산물을 쌀로 통일해서 납부하게 하는 제도입니다. 그리고 책을 만드는 일에도 힘을 써서 허준의 〈동의보감〉이나 허균의 〈홍길동전〉도 모두 광해군의 보살핌 속에서 간행되었습니다. 그런가 하면 당파에 관계없이 인재를 뽑았고 드물기는 했지만 서자도 관리로 임명했습니다.

그러나 무엇보다도 돋보이는 것은 광해군의 자주적인 외교 정책이었습니다.

당시 중국은 명이 약해진 틈을 타 만주족이 후금을 세웠습니다. 다급해진 명은 조선에 군사를 요청할 만큼 그 세력이 약해져 있었습니다. 한마디로 명나라는 기우는 달이고, 금나라는 이제 막 차오르는 달이었습니다. 광해군은 이런 상황을 정확하게 파악하고 있었습니다. 그래서 그는 두 나라 모두의 비위를 거슬리지 않으면서 실속을 챙기는 방법을 택했습니다. 명나라의 요구에 응하는 대신 기회를 봐서 금나라에 항복해 주면서 조선은 금과 싸울 의사가 전혀 없음을 알리도록 했습니다.

광해군은 임진왜란 이후의 어지러운 상황 속에서 서자의 신분으로 왕이 되었습니다. 그리고 15년 동안 왕위에 있으면서 어진 임금이 되려고 많은 노력을 했습니다. 하지만 이러한 업적에도 불구하고 광해군은 왕의 자리에서 쫓겨나고 폭군이라는 평가까지 받았습니다.

그러나, '광해군은 폭군이다.'라는 주장은 어디까지나 광해군을 몰아내고 세력을 잡은 사람들이 조작해 낸 것에 지나지 않습니다. 광해군을 내쫓고 왕위에 오른 인조는 어땠습니까? 다 기울어져 가는 명나라에 예의를 차리다 결국 후금을 임금의 나라로 섬겨야 하는 치욕을 겪었습니다. 인조와 광해군의 외교 능력만을 비교해 보더라도 광해군은 다시 평가될만한 충분한 이유가 있지 않을까요?

초등학생이 가장 궁금해 하는 우리 역사 베스트

정승은 왕이 마음대로 뽑았나요?

"암행어사 이관명 알현이오."

내시가 숙종 임금께 이관명이 왔음을 아뢰었습니다. 암행어사의 명을 받고 영남에 내려갔다가 막 돌아온 것이었습니다.

"객지에서 얼마나 노고가 많았는가? 그래, 백성들에게 폐를 끼친 일은 없었는고?"

"전하께서 어진 정치를 하시니 지방 관리들 또한 모두 어질어 별다른 고생이 없었습니다. 다만 통영에 속해 있는 섬 하나가 어느 후궁의 땅으로 되어 있었는데 횡포가 심하여 백성들의 원성이 자자했음을 감히 아뢰옵니다."

이관명의 말을 듣자 숙종은 얼굴빛을 확 바꾸며 화를 냈습니다.

"과인이 조그만 섬 하나를 후궁에게 준 것을 감히 비방하는고?"

잔뜩 화가 난 숙종은 쇠로 만든 막대기로 책상을 내리쳤습니다. 그러자 책상은 박살이 나고 궐 안의 분위기는 싸늘해지고 말았습니다.

하지만 이관명은 조금도 굽히는 기색 없이 다시 아뢰었습니다.

"전하, 전에는 이렇지 않으시더니 1년 동안 많이 변하셨사옵니다. 이는 그동안 임금님께 바른 말을 올리는 신하들이 없었다는 것이니 대단히 한심스러운 일이옵니다. 모든 신하들을 당장에 물러나도록 하옵소서."

그러자 숙종은 무슨 생각을 했는지 좌우에 있는 신하들을 둘러보며 말했습니다.

"전교(왕의 명령)를 받아 적을 종이를 가져오라."

신하들은 이관명에게 곧 큰 벌이 내릴 것이라고 짐작하고는 숨을 죽이고 있었습니다.

잠시 후, 신하가 벼루와 종이를 가져왔습니다.

160 한국사를 부탁해

"승지는 분부대로 적으라. 암행어사 이관명에게 부
제학을 제수한다."

숙종의 분부에 승지는 어리둥절했습니다. 너무
도 뜻밖의 일이었기 때문이었습니다. 그러자 숙
종은 다시 소리 높여 분부하였습니다.

"승지, 나의 말을 못 알아듣는가? 어서 쓰라!"

그제야 승지는 붓을 움직였습니다. 그러자 숙종
은 또 다시 분부했습니다.

"부제학 이관명에게 홍문제학을 제수한다."

승지는 물론이고 신하들 모두가 이상하게 생각했습니다. 그래도 왕의 명령이라 승지
는 그대로 받아 적었습니다.

이어서 숙종은 또 명령을 내렸습니다.

"홍문제학 이관명에게 호조판서를 제수한다."

숙종은 이관명의 관직을 그 자리에서 세 번이나 높인 것이었습니다. 모두 의아해하고
있자 숙종은 그제야 다시 일렀습니다.

"경의 옳음으로 이제야 과인의 잘못을 깨달았으니 그대를 호조판서로 앉히는 것이오.
그러니 앞으로도 서슴지 말고 잘못을 아뢰어 나라를 태평하게 하라."

이관명과 모든 신하들은 숙종 임금의 말에 크게 감동받았습니다.

이관명은 바른 소리를 한 덕택에 벼락 승진을 했어. 그런데 이런 일이 있을 수 있었
을까? 정말 그렇게 모든 관리를 왕의 마음대로 뽑았다면 그건 올바른 정치라고 할
수 없지 않나?
그럼, 이번에는 정승을 어떻게 뽑았는지 알아보도록 하자.

궁금한 우리 역사 찾기

능력과 경험 위주의 합리적인 등용

텔레비전 드라마를 보면 왕이 마음대로 사람을 뽑아 벼슬을 주는 것처럼 생각됩니다. 하지만 사실은 전혀 그렇지 않았습니다.

조선 시대 정치가들은 어떤 인재를 등용하느냐에 따라 정치의 성공과 실패가 판가름난다고 생각했습니다. 그래서 아주 까다로운 관리 임용법을 만들어 놓고 그 법에 따라 엄격히 인재를 등용했습니다.

모든 관직에는 정해진 품계가 있었습니다. 영의정, 좌의정, 우의정의 삼정승은 정1품, 판서는 정2품 등으로 품계가 나누어졌습니다. 아무리 능력이 뛰어난 사람이라도 품계를 무시하고 승진할 수는 없었습니다. 만일 어떤 관리가 6품부터 시작했다면 그는 5품, 4품 등 차례대로 해당하는 직책을 두루 거친 후에야 정1품에 오르고 그런 다음에야 정승이 될 수 있었습니다.

정승 뽑는 일을 '복상'이라고 했습니다. 만일 삼정승 가운데 한 자리가 비어 있다면 먼저 왕은 두 정승을 불러 복상을 명령합니다. 그러면 두 정승은 보통 세 명의 후보자를 골라 왕에게 추천하지요.

그런데 후보에는 아무나 오를 수 있는 게 아니었습니다. 법으로 정해진 자격 기준이 있었거든요. 정승이 되려면 첫째, 정1품이어야 했습니다. 둘째, 풍부한

162 한국사를 부탁해

경력이 있어야 했습니다. 특히, 이조와 병조 판서를 반드시 거친 사람이라야 했습니다. 셋째, 평소 왕이 갖고 있던 평가입니다. 그리고 마지막이 주변 사람들의 평가였습니다.

이 네 가지의 기준을 종합해서 왕은 후보자 세 명 가운데 한 명을 선택하게 됩니다.

그런데 가끔 후보자 모두가 왕의 마음에 들지 않는 경우가 있었습니다. 그럴 때 왕은 두 정승에게 후보를 다시 추천하라고 명령합니다. 이를 '가복'이라 했는데, 몇 번의 가복을 했는데도 왕이 마음에 들어하지 않으면 두 정승이 직접 왕의 의견을 물어 봅니다. 그때 왕은 슬쩍 자신이 마음에 두고 있는 사람을 밝히고 두 정승은 그 사람을 후보자에 넣어 다시 왕에게 올립니다. 그러면 정승이 뽑히는 것이지요.

이러한 복상 절차가 자리잡은 것은 중종 때부터입니다. 그 전에는 정승들의 의견을 묻지 않고 왕이 혼자 판단하여 임명하는 일이 많았답니다.

품계석 궁궐에서 조회나 의례가 있을 때 1품부터 9품까지 벼슬에 따라 옆에 설 수 있게 한 표석이다. 사진은 경복궁 근정전 앞뜰의 품계석이다.

초등학생이 가장 궁금해 하는 우리 역사 베스트

뒤주에서 죽은 사도세자는
정말 정신병자였나요?

조선 제21대 임금인 영조에게는 장차 왕위를 이어받을 장헌세자(사도세자)가 있었습니다. 그런데 영조와 장헌세자는 사이가 좋지 않았습니다.

"너는 어찌 그리 말이 없고 행동도 느리단 말이냐?"

"에이, 고얀 것. 너는 늘 나와 의견을 달리하는구나."

영조는 자신과 다른 장헌세자의 성격이 못마땅했고 또 번번이 자신의 의견에 맞서는 일도 몹시 못마땅했습니다. 그래서 아버지 영조와 아들 장헌세자의 만남은 늘 영조가 화를 내는 것으로 끝났고, 장헌세자는 점점 영조를 두려워하게 되었습니다.

그러자 간신들은 이런 부자 사이를 악용하기 시작했습니다. 당시 조정은 노론과 소론으로 나뉘어 세력 다툼이 한창이었습니다. 특히, 영조를 왕으로 세운 노론의 계략이 점점 강하게 진행되었습니다.

노론은 먼저 영조를 경희궁으로 옮기게 하여 세자와 떼어 놓은 뒤 온갖 간사한 일을 꾸몄습니다.

"평생 먹고 살 만큼 재물을 줄 터이니 도둑질을 하든 살인을 하든 맘대로 하되 모두 세자가 시킨 일이라고 소문을 퍼뜨려라."

그러자 세자에 대한 백성들의 원망이 거세졌고 이를 전해 들은 영조는 세자를 크게 꾸짖었습니다. 세자는 모든 일이 간신들의 짓임을 알고 일을 꾸민 자들을 잡아다 처형을 하기도 했는데 그 것은 오히려 영조의 노여움을 사게 되었습니다.

그럴 때쯤, 세자에게 큰 일이 닥쳤습니다.

"세자가 병사들을 모아 대궐을 공격하려 하고 있습니다."

164   한국사를 부탁해

그 보고가 노론의 계략인지 꿈에도
몰랐던 영조는 스스로 칼을 빼들고
세자를 불러들였습니다.

"네, 이놈! 네가 감히 나를 죽이
고 왕위에 오르려 했느냐?"

이 말에 세자는 어이가 없어서 눈
물만 비 오듯이 쏟고 있었습니다. 세
자가 대답을 하지 않자 더욱 화가 난 영조
는 큰 뒤주 하나를 가져오도록 했습니다.

그러고는 세자를 그 안에 가두라고 소리쳤습니다. 세자가 뒤주 문을 잡고 목메어 울며
억울함을 호소했습니다.

"아바 마마, 제발 살려 주시옵소서. 제게 잘못이 있다면 살아서 그 허물을 고칠 수 있
도록 기회를 주시옵소서."

그러나 영조는 신하들을 재촉하여 결국 세자를 뒤주에 가두고 말았습니다.

영조는 손수 큰 자물쇠로 뒤주를 잠갔습니다.

그로부터 21일 뒤, 뒤주 문이 열렸습니다. 그 안에는 이미 숨을 거둔 세자가 두 눈을
부릅뜨고 있었습니다.

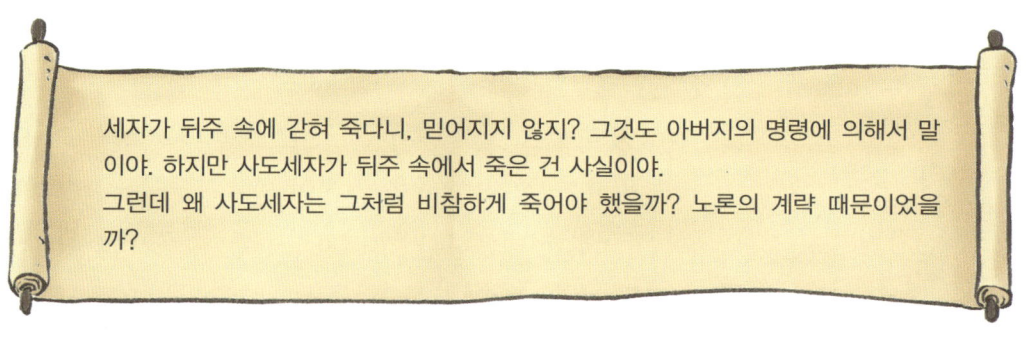

세자가 뒤주 속에 갇혀 죽다니, 믿어지지 않지? 그것도 아버지의 명령에 의해서 말
이야. 하지만 사도세자가 뒤주 속에서 죽은 건 사실이야.
그런데 왜 사도세자는 그처럼 비참하게 죽어야 했을까? 노론의 계략 때문이었을
까?

궁금한 우리 역사 찾기

당쟁에 희생된 사도세자

사도세자의 죽음에 관한 의문은 아직 풀리지 않고 있습니다. 그 이유는 그를 죽인 사람이 아버지인 영조였고 그래서 사건에 대한 기록이 영조가 죽은 뒤에야 비로소 시작되었기 때문입니다.

'사도세자는 왜 뒤주에 갇혀 죽었는가?'

이에 대한 답으로 가장 널리 알려진 것은 사도세자의 정신병입니다. 왕위를 이어야 할 아들의 정신병 때문에 아버지는 어쩔 수 없이 아들을 죽였다는 것입니다.

사도세자 사건의 원인을 그의 정신병으로 보는 근거는 〈한중록〉에 있습니다. 사도세자의 부인 혜경궁 홍씨가 쓴 〈한중록〉에는 남편의 죽음이 정신병 때문이라고 적혀 있습니다. 하지만 그 내용을 그대로 믿을 수는 없습니다. 왜냐하면 〈한중록〉을 쓸 때 그녀는 당시의 정치적 상황에서 자유롭지 못했기 때문입니다. 그 무렵, 그녀의 아버지는 사도

영조 조선 제21대 왕

세자 사건에 가담했다는 이유로 정치적 어려움을 겪고 있었습니다. 그래서 그녀는 아버지와 자신의 가문을 위해 남편의 죽음을 정신병 때문이라고 주장해야 했을 것입니다.

그런데 이런 주장과는 달리 사도세자 사건을 정치와 관련해서 설명하는 경우도 있습니다.

일찍이 영조가 왕이 되기 전, 경종 때 일어났던 일입니다.

인현왕후가 죽자 노론은 소론이 받들고 있는 장희빈에게 사약을 내리게 했습니다. 그러자 소론은 세자인 경종을 보호하기 위해 안간힘을 썼습니다. 그러다가 다행히 경종이 숙종

166 한국사를 부탁해

의 뒤를 이어 왕이 되자 이번에는 노론이 불리함을 느꼈습니다. 그래서 노론은 연잉군(영조)을 세자로 책봉하고 왕위를 이어야 한다고 주장했습니다.

이런 상황에서 왕이 된 영조는 경종을 죽였다는 일부 세력의 의심을 피할 수가 없었고 또, 자신의 신분(무수리의 아들)에 대한 열등감으로 시달려야 했습니다. 그런데다 아들인 사도세자는 경종 때 있었던 일에 대해 영조와 다른 생각을 가지고 있었습니다.

영조는 이러한 여러 가지 상황을 그냥 넘길 수가 없었습니다. 자칫하다가는 정치 세력 싸움에 휘말려 왕권이 흔들릴 위험이 있었으니까요.

결국 영조는 왕권의 안정과 강화를 위해 사도세자를 죽여야만 했던 것입니다. 이는 사도세자가 죽은 뒤 그의 아들 정조와 부인 홍씨를 특별하게 보호했던 영조의 태도에서 찾을 수 있습니다.

영조는 세손(정조)을 보호함으로써 왕권을 지키려 했고 영조의 이런 노력 덕분에 정조는 무사히 왕위를 이어 훌륭한 정치를 할 수 있었습니다.

융릉 사도세자와 부인 혜경궁 홍씨의 능. 경기도 화성군 태안읍.

초등학생이 가장 궁금해 하는 우리 역사 베스트

세계 최초의 신문이
조선에 있었다고요?

아침 일찍부터 승정원이 분주했습니다.

"다 준비됐습니까?"

관리 한 사람이 승정원을 향해 소리쳤습니다.

"어제 들어온 문서가 너무 많아서 어떤 기사를 실어야 할지 아직 결정을 내리지 못했습니다."

"서둘러야겠습니다. 날이 밝아오고 있습니다."

건너편 작은 방(조방 또는 조보소)에는 이른 새벽부터 각 관청에서 나온 담당 관리들이 기다리고 있었습니다. 이들을 '기별서리'라고 불렀습니다.

"여기 있습니다."

한 관리가 오늘 쓸 기사를 모아서 가져오자 제일 나이가 젊어 보이는 사람이 일어서서 기사를 불렀습니다.

"오늘의 기사를 발표하겠습니다. 전하께서……."

기사가 발표되자 기별서리들은 재빨리 기사를 손으로 베껴 썼습니다. 그들은 하나같이 기별체로 기사를 옮겨 적었는데, 기별체란 보통 글씨보다 더 빨리 흘려 쓰는 한문 글씨체를 말합니다. 짧은 시간 안에 많은 기사를 베껴 쓰기 위해서는 이런 독특한 글씨체가 필요했던 것입니다.

기사를 다 받아 적은 기별서리들은 곧장 각자의 관청으로 돌아갔습니다. 그리고 필요한 수만큼 신문을 더 만든 뒤 기별군사를 불러들였습니다.

신문을 받아 든 기별군사는 여러 기관으로 다니면서 신문을 전달했습니다.

168 한국사를 부탁해

"오늘 조보가 왔습니다."

그러자 이번에는 조보를 받은 각 기관들이 바빠졌습니다. 다시 필요한 만큼 만들어서 사람들에게 나누어 주어야 했기 때문입니다.

"봉투에 넣어야 합니까?"

일을 시작한 지 얼마 되지 않은 사람이 물어 보았습니다.

"그냥 신문 뒷면에 받을 사람 이름이나

직함, 동네 이름 등을 쓰면 되오."

"아, 그리고 돌아올 때 신문 값을 꼭 받아 가지고 오시오. 오늘이 마침 이번 달 신문 값

을 걷는 날이오."

신문을 다 만든 관리가 심부름하는 아이에게 강조했습니다.

"관직이 높은 분은 4냥, 낮은 관리는 1냥 5전, 맞지요?"

아이가 신문을 가지고 나가자 그제야 관리들은 '휴우' 하고 숨을 돌렸습니다.

지금 우리가 사는 시대를 정보화 시대라고 해. 그만큼 정보의 중요성이 높아졌다는 것이지. 그런데 우리나라는 아주 오래 전, 그러니까 400여 년 전부터 정보의 중요성을 잘 알고 있었어. 우리 조상들은 그 시대에도 이런 신문을 만들어 보았거든. 혹시 알고 있니? 세계 최초의 일간 신문이 바로 우리나라에 있었다는 사실을.

궁금한 우리 역사 찾기

조정의 소식을 알리는
조보가 최초의 신문

우리나라 최초의 근대신문은 〈한성순보〉입니다. 10일에 한 번씩 발간되는 신문이었지요. 그런데 그 신문을 만들기 위해 꼭 필요했던 또 다른 신문이 있었습니다. 바로 '조보'였습니다. 조보야말로 우리나라 최초의 신문이라고 할 수 있습니다.

조보는 '조정의 소식'이란 뜻입니다. '기별', '기별지', '저보'라고도 불렸는데 국가에서 만든 신문이었지요. 하지만 조보가 언제부터 만들어졌는지는 알 수 없습니다. 다만 전날 저녁부터 그날 아침까지 있었던 일들 가운데 기사가 될 만한 것을 가려 내어 신문을 만들었으니까 매일 오전에 발행된 것은 분명합니다.

그런데 조보에는 어떤 내용의 기사가 실렸을까요?

조보에는 왕의 명령이나 지시 사항, 승진, 사망, 휴가 등 관리와 관련된 일, 왕에게 올린 상소, 조정의 결재 사항, 각 지방의 날씨 등이 실렸습니다. 특히 농사에 큰 영향을 주는 강우량이나 첫 서리 내리는 날 등은 반드시 실렸습니다. 또, '혜성이 나타났다', '달걀만한 우박이 내려 사람이 놀라 죽었다' 등의 특이한 자연 현상도 실렸는데, 대부분 기사 끝에다 '이것은 정치를 잘못한 탓이다'라고 평을 덧붙였다고 합니다.

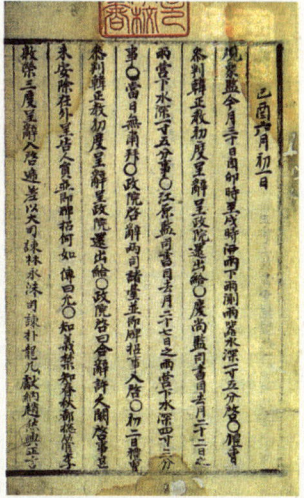

조보 우리나라 최초의 신문

한편, 시간을 다투는 급한 일은 다음 날 아침까지 기다리지 않고 즉시 '호외'를 발행했습니다. 임시로 발행하는 신문인 호외는 따로 '분발'이라고 불렸는데, 하루에 수십 번 발행되는 일도 많았습니다. 그래서 아예 각 관청마다 호외를 담당하는 분

170 한국사를 부탁해

발서리나 분발군사를 따로 두었습니다.

분발 이외에도 다양한 소식지가 있었습니다. 관리들의 인사이동 소식만을 알리는 '정사', 왕에게 올리는 각종 건의 사항만 따로 적어 알리는 '소차', 조보에 실리지 않은 소식을 주로 모은 '녹지' 등 아주 많았습니다. 특히, 정사에는 관리 후보자와 떨어진 사람까지 발표되었습니다.

조선 시대에는 이처럼 정보에 대한 관심이 높아서 많은 정보지가 만들어졌습니다. 그러나 정보의 내용에 따라서는 왕이 금지 조치를 내리기도 했습니다. 예를 들어 정치나 군사 기밀에 관련된 내용, 외교 문제를 일으킬 수도 있는 사항 등은 조보에 싣지 않도록 했습니다. 그런데 한 가지 의문이 생기지 않나요? 조선 시대에는 인쇄 기술이 매우 발달했었는데도 조보를 일일이 손으로 베껴 썼다니 말입니다. 그건 아마도 조보에 실린 내용이 밖으로 새나가는 것을 방지하기 위해서였을 것입니다.

한 번은 몇몇 선비들이 조보를 읽기 편하게 고친 후 인쇄하여 팔았던 일이 있었습니다. 우연히 그 사실을 알게 된 임금은 크게 화를 내며 그들에게 큰 벌을 내렸습니다.

"너희들이 인쇄한 조보의 내용이 만일 외국으로 흘러 들어간다면 그건 나라의 잘못됨을 선전하는 일이니라."

결국 조보를 인쇄했던 선비들을 매를 맞고 귀양을 갔습니다.

임금님이 용변을 보고 몸을 부르르 떨었다는 것까지도 기록에 남겼던 시대, 그런 시대에 하루도 거르지 않고 발행되던 조보는 1894년 갑오개혁 때 폐간되었습니다.

초등학생이 가장 궁금해 하는 우리 역사 베스트

〈대동여지도〉를 만든 김정호는 정말 감옥에 갇혀 죽었나요?

김정호 부부는 가진 게 없어서 품을 팔아가며 끼니를 이어갔습니다. 그런데 그런 어려운 살림 속에서도 김정호는 지도 그리기와 지리 연구를 쉬지 않았습니다.

"지도를 만들어 팔면 큰 부자가 되겠지요?"

아내가 물었습니다.

"팔려고 지도를 만드는 게 아니오."

"그럼 지도를 만들면 나라에서 큰상이라도 내려주시나요?"

"난 어릴 때부터 지도 만드는 것이 소원이었소. 척 펼쳐 보면 조선 팔도를 한눈에 볼 수 있는 그런 지도 말이오."

"결국 당신은 평생을 이처럼 가난하게 살자는 말씀이네요. 그나저나 정말 내일부터 저를 따라 나서실건가요?"

아내는 광주리 장사를 시작했는데 김정호도 아내를 따라 나서기로 했습니다.

다음 날부터 부부는 함께 장사를 다녔습니다. 김정호는 가는 마을마다 찬찬히 살펴본 뒤 지도를 그리고 그곳의 특산물 등을 꼼꼼하게 기록했습니다.

"여보, 규장각엘 가면 지도가 많다던데요?"

"그래? 왜 여태 그걸 몰랐을꼬?"

아내의 말을 들은 김정호는 한성으로 올라가 규장각을 찾아갔습니다.

"저어, 지도 좀 보러 왔는데요."

"지도는 아무나 보는 것이 아니오. 감히 여기가 어딘 줄 알고."

관리는 김정호를 밖으로 떼밀었습니다. 그런데 그때 한 선비가 김정호에게 다가와 말을 걸었습니다.

"무슨 일로 지도를 보려고
하십니까?"

선비의 물음에 김정호는
자신이 하는 일에 대해 얘
기했습니다.

"이런 좋은 분을 만나다
니, 나는 최한기라고 하오.
우선 우리 집으로 가서 지도
부터 보시지요."

최한기를 따라간 김정호는 그곳에서 지리에 관한 책과 지도를 잔뜩 얻어 가지고 돌아
왔습니다. 그러나 지도를 모두 살펴 본 김정호는 크게 실망하고 말았습니다.

'쯧쯧, 나라의 학자들이 만든 지도가 이 모양이니…….   내가 꼭 지도다운 지도를 만들
고 말것이다!'

새삼 결심을 굳힌 김정호는 마침내 훌륭한 〈대동여지도〉를 만들었습니다.

　　김정호는 대동여지도를 비롯해 훌륭한 지도를 만들었어. 그의 아내의 말처럼 큰부
자가 되는 것도 아니고 나라에서 상을 주지도 않는데 묵묵히 그 소중한 일을 해 낸
거야.
　　그런데 이렇게 훌륭한 일을 한 김정호는 오히려 나라의 기밀을 누설했다는 죄로 억
울하게 죽고 말았대. 그게 정말일까?

궁금한 우리 역사 찾기

일본이 퍼뜨린 이야기

김정호는 어렸을 때부터 지도 만드는 일에 관심을 가지고 평생 그 일에 힘을 기울였습니다. 그리고 마침내 1861년, 우리나라 전체를 그린 〈대동여지도〉가 완성되었습니다.

그런데 그는 왜 평생동안 지도 만들기에 매달렸던 걸까요?

첫째, 그는 군사상의 목적으로 지도를 만들었을 것입니다. 17세기에 두 차례의 호란을 경험한 조선은 북방 지역에 관심을 가졌습니다. 오랑캐가 언제 다시 쳐들어올지 모른다는 생각에서였지요. 이러한 군사적 필요성에 따라 국토의 윤곽을 정확하게 그린 지도들이 제작되었습니다. 하지만 대부분 실제와는 어느 정도 차이가 있는 지도들이었습니다. 그런 문제를 알게 된 김정호는 직접 정확한 지도를 만들고자 했던 것입니다.

둘째, 각 지방의 특산물과 유적 등을 살펴 나랏일을 하는 데 도움을 주고자 했습니다.

그는 〈대동여지도〉 속에 써 넣은 설명문에 이렇게 강조했습니다.

김정호 조선의 지리 학자.

'세상이 어지러워 나라 안에서 난이 일어나거나 외국의 침입을 받을 때 이용하면 도움이 되고, 세상이 태평할 때도 나라일을 할 때 도움이 된다……. 또, 지방의 풍속을 살피는 데도 이용할 수 있다.'

지도 만드는 일은 아주 옛날부터 중요시되어 왔습니다. 그래서 전해지지는 않지만 고구려, 백제, 고려 때에도 지도를 만들고 이를 이용했다고 합니다.

그런데 백두산, 압록강, 두만강이 국토의 경계로 확정된 것은 세종 때였습니다. 〈대동여지도〉는 이것을 경계로

174 한국사를 부탁해

한 전국 곳곳이 정확하고 자세하게 묘사되어 있습니다. 오늘날에 제작된 지도와 비교해 봐도 별로 뒤떨어지지 않는 훌륭한 지도였습니다.

그런데 전해오는 말에 의하면 김정호가 대동여지도를 만들기 위해 백두산을 여덟 차례 오르고 전국을 수차례 돌았다고 합니다. 그리고 대동여지도를 흥선대원군에게 바쳤다가 기밀누설죄로 잡혀 감옥에 갇혀 죽었다고 합니다.

하지만 이러한 이야기는 사실과 다릅니다.

대동여지도는 김정호가 전국을 돌며 측량해서 만든 것이 아니고, 그때까지 나온 지도를 널리 참고하여 만든 것입니다. 그 당시의 교통 사정과 그가 제작한 지도의 수량과 질을 생각해 볼 때 불가능했을 것으로 여겨지기 때문입니다. 그리고 불타 없어졌다는 지도와 목판

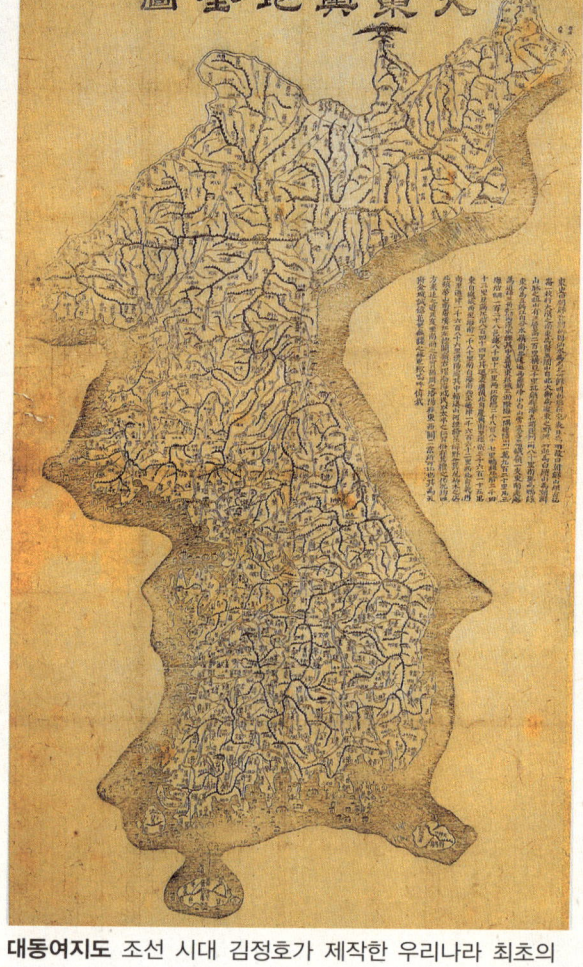

대동여지도 조선 시대 김정호가 제작한 우리나라 최초의 지도. 1861년에 간행되었다.

일부가 지금까지 전해지고 있으며, 감옥에 갇혀 죽었다는 것도 전혀 근거가 없습니다.

이러한 김정호에 대해 잘못 알려진 이야기는 놀랍게도 일제 강점기 조선 총독부가 발행한 〈조선어 독본〉에 나옵니다.

일제는 조선이라는 나라는 지도 하나 제대로 만들지 못하여 개인이 전국을 돌며 갖은 고생을 다해 만들만큼 무능하며 그 가치를 알아보지 못하는 흥선대원군을 깎아내리고 반면에 그것을 알아 본 일본의 우월함을 말하고 싶었던 것은 아닐까요?

175

초등학생이 가장 궁금해 하는 우리 역사 베스트

갑신정변을
왜 '3일 천하'라고 부르나요?

1884년 12월 4일 저녁 7시, 서울 안국동에서는 우리나라 최초의 우체국인 우정국의 설립을 축하하는 잔치가 있었습니다. 그 잔치에는 내로라 하는 고위 관리들과 여러 나라의 외교관들이 참석했습니다.

김옥균은 어느 일본인 옆에 자리를 잡고는 작은 목소리로 속삭였습니다.

"그대는 천(天 : 하늘)을 아는가?"

"요로시(좋소)."

'천'과 '요로시'는 김옥균 무리와 일본군 사이에 미리 정해 둔 암호였습니다.

'별궁이 불길에 휩싸이면 이제 세상이 바뀌리라……'

김옥균은 주먹을 불끈 쥐었습니다. 손에서는 땀이 배어 나왔습니다.

잔치는 점점 무르익어 갔습니다. 하지만 예정된 시간이 지났는데도 별궁에서는 불길이 오르지 않았습니다. 김옥균은 점점 초조해졌습니다.

'예기치 못한 일이라도 일어난 게 아닐까? 그렇다면 아, 이대로 허무하게 끝나고 마는 것인가?'

시계는 벌써 밤 10시를 가리키고 있었습니다. 그런데 그때, 갑자기 우정국 주변이 환해지면서 불길이 치솟았습니다. 그와 동시에 사방에서 '불이야! 불!'하는 비명소리도 들려왔습니다. 잔치는 아수라장이 되고 사람들은 뿔뿔이 흩어졌습니다.

'휴우, 시작됐군!'

김옥균은 안도의 숨을 내쉬며 북쪽 창문으로 뛰어나가 '천'하고 암호를 외쳤습니다. 그리고 일본 공사관에 들러 다시 한 번 약속을 확인하고는 고종이 자고 있는 창덕궁으로

176   한국사를 부탁해

향했습니다.

"폐하, 어서 일어나시옵소서. 청나라 군대가 난을 일으켜 이곳은 위험하옵니다."

김옥균은 고종에게 거짓말을 하고 서둘러 경우궁으로 모셔왔습니다. 그러자 일본군 2백여 명이 경우궁을 에워쌌습니다. 모든 게 미리 약속된 일이었습니다.

그 다음으로 자신들과 반대편에 서 있는 세력을 왕의 명령이라며 죽였습니다.

늦은 밤, 난데없이 일어난 불길처럼 갑신정변은 그렇게 시작되었습니다.

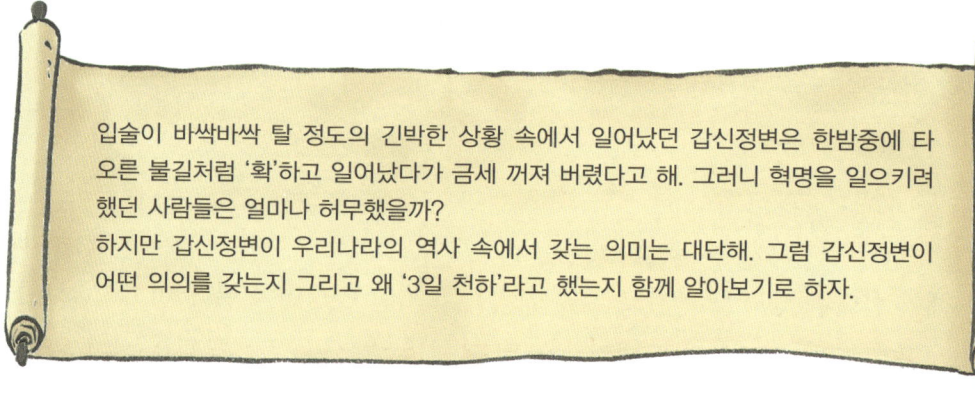

입술이 바싹바싹 탈 정도의 긴박한 상황 속에서 일어났던 갑신정변은 한밤중에 타오른 불길처럼 '확'하고 일어났다가 금세 꺼져 버렸다고 해. 그러니 혁명을 일으키려 했던 사람들은 얼마나 허무했을까?

하지만 갑신정변이 우리나라의 역사 속에서 갖는 의미는 대단해. 그럼 갑신정변이 어떤 의의를 갖는지 그리고 왜 '3일 천하'라고 했는지 함께 알아보기로 하자.

궁금한 우리 역사 찾기

일본에 의지해 실패한 개혁 운동

1884년 12월, 급진 개화파들이 무력으로 권력을 장악하려 했습니다. 청나라로부터 벗어나서 자주적으로 나라를 세우고 개혁 정치를 추진하려는 목적에서 말이지요. 이것이 바로 갑신정변입니다.

개화파는 어떤 사람들이었나요?

개화사상은 한마디로 '문명을 개화하지 않으면 나라를 보존할 수 없다'는 생각입니다. 문명 개화란, 낡은 관습을 버리고 발달된 문명을 받아들여 세상이 보다 나아지게 하는 것을 말합니다.

개화사상은 박규수, 오경석, 유홍기를 중심으로 형성되었습니다. 그들은 새로운 사상을 접하면서 국제 정세에 관심을 갖게 되었고 조선이 위기에 처했음을 알았습니다. 그래서 강한 나라들의 침략에 앞서 조선이 먼저 서양의 발달된 문명을 받아들여 위기를 극복해야 한다고 주장했습니다. 또, 조선을 바꾸려면 양반 자제들을 개화 사상으로 교육시켜야 한다고 생각해서 김옥균, 박영효 등 양반 자제들을 불러 모았습니다. 이들이 바로 갑신정변을 일으킨 급진 개화파였습니다.

갑신정변

김옥균이 중심인 급진 개화파는 서양의 문물을 받아들여 조선의 모든 제도를 급진적으로 개혁해야 한다는 생각을 가지고 있었습니다. 하지만 청나라를 등에 업고 권력을 휘두르던 명성황후 세력과 개화를 반대하는 세력에 밀려 그들의 개화 정책은 어려움을 겪게

178 한국사를 부탁해

됩니다. 그러자 급진 개화파는 자신들의 방해 세력을 무력으로 제거하기로 합니다.

김옥균 등은 1884년 봄부터 따로 군사를 기르고 일본 군대의 지원을 요청하는 등 구체적인 준비를 시작했습니다. 그리고 12월 4일, 드디어 갑신정변을 일으키게 됩니다.

갑신정변 첫날, 가까스로 1차 계획에 성공한 개화파는 밤새도록 개혁 정책을 만들고 자신들이 주요 관직을 차지했습니다. 둘째 날, 개화파는 새로운 개혁 정부가 수립되었음을 각 대사관에 알리고, 개혁 정책을 발표했습니다.

갑신 정변의 주역 왼쪽부터 박영효, 서광범, 서재필, 김옥균.

셋째 날, 창덕궁으로 다시 돌아온 고종은 개화파를 지지하는 조서(왕의 뜻을 전하는 문서)를 내렸습니다. 그런데 그때 청나라 군대가 포탄을 쏘며 궁궐로 들어왔습니다. 그러자 일본군은 약속을 깨고 재빨리 돌아가 버렸고 개화파들은 목숨을 잃거나 외국으로 망명했습니다. 결국 고종이 내린 조서는 휴지 조각이 되었고 갑신정변은 3일 만에 끝나고 말았습니다.

갑신정변에 대한 평가

갑신정변이 실패한 원인은 크게 두 가지로 요약할 수 있습니다.

먼저 개화파가 민중의 지지를 얻지 못한 점입니다. 그들은 성공적인 혁명이 역사의 중심인 민중의 힘을 통해서만 가능하다는 사실을 몰랐던 것이지요.

다음으로 외국에 대한 인식이 부족했다는 점입니다. 당시 청나라는 프랑스와 전쟁을 치르고 있어서 개화파는 청나라 군대의 개입에 대해 크게 신경쓰지 않았습니다. 또, 일본의 침략 의도를 제대로 파악하지 못했습니다. 일본이 김옥균의 군대 요청에 흔쾌히 응한 것은 자신들의 욕심을 위해 개화파의 세력을 이용하려고 했던 것입니다. 그런데도 개화파는 일본에 너무 의지하다가 실패를 하고 말았습니다.

하지만 갑신정변이 우리 역사상 최초의 근대적 개혁 운동인 것만은 분명합니다. 또한, 갑신정변은 조선의 근대화와 자주화가 얼마나 중요한 것인가를 알려 주었습니다.

초등학생이 가장 궁금해 하는 우리 역사 베스트

독립 협회는 정말
나라의 독립을 위해 싸웠나요?

1896년 1월, 서재필이 조선으로 돌아왔습니다. 갑신정변 실패 후 미국으로 간 지 꼭 12년 만에 필립 제이슨이라는 미국 이름으로 말입니다.

서재필은 조국에 돌아오자마자 벼슬자리를 얻은 뒤, 젊은 지식인들을 모으기 시작했습니다. 그리고 제일 먼저 최초의 우리말 신문인 〈독립 신문〉을 만들고 '독립 협회'를 결성했습니다. 또, 기금을 모아 '독립문'을 세우고 그 주위에 독립 공원을 만들었습니다.

그로부터 2년 후, 독립 협회는 '관민 공동회'라는 토론의 장을 마련했습니다.

"지금부터 여러분의 자유로운 의견을 듣도록 하겠습니다."

"정말 아무나 말해도 됩니까?"

"물론입니다."

토론이 시작되자 먼저 덩치 큰 남자가 나섰습니다.

"나는 이 나라에서 가장 천한 백정입니다. 아는 것 하나 없는 무식한 놈이지요. 그러나 임금님을 섬기고 나라를 걱정할 줄 아는 사람입니다. 지금 이 나라를 살리기 위해선 무엇보다도 관리들과 백성들이 하나가 되어야 한다고 생각합니다."

"좋은 말씀입니다. 우리 다같이 이 나라를 위해 노력합시다!"

사람들은 백정이라고 소개한 그 남자에게 큰 박수를 보냈습니다.

이렇게 관민 공동회는 누구나 자유롭게 의견을 말하는 방식으로 진행되었습니다.

"자, 이제 여기 모인 사람들의 뜻이 하나가 되었으니 우리 만세를 부릅시다! "

"만세, 대한 제국 만세!"

이날 열렸던 관민 공동회는 만세를 부르는 것으로 성공적인 막을 내렸습니다.

180 한국사를 부탁해

그러나 얼마 후, 상황은 완전히 바뀌어 버렸습니다. 독립 협회의 활동을 탐탁지 않게 생각해 오던 관리들이 드디어 일을 꾸몄기 때문이었습니다.

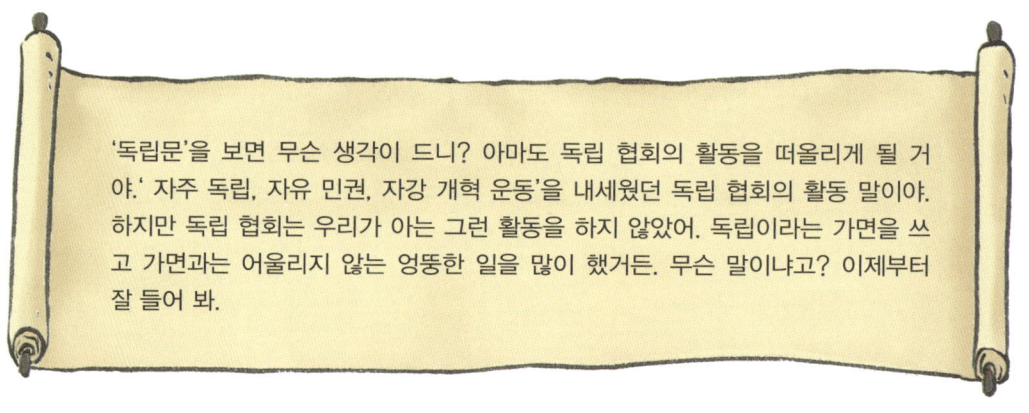

"전하, 아뢰옵기 황공하오나……."

"무슨 일인가?"

"독립 협회를 경계하심이 좋을 듯 하옵니다. 저들이 백성들을 모아 놓고 집회를 연 것에는 반드시 계략이 있을 것이옵니다."

"무슨 뜻인지 정확하게 말해 보시오."

"지금 거리에는 박정양과 윤치호가 각각 대통령과 부통령이 될 것이라는 내용의 벽보가 나붙어 있습니다."

이 말을 들은 고종은 즉시 독립 협회의 간부들을 체포하고 독립 협회를 해산하라는 명령을 내렸습니다. 결국 독립 협회는 해산되고 서재필은 다시 미국으로 망명하고 말았습니다.

'독립문'을 보면 무슨 생각이 드니? 아마도 독립 협회의 활동을 떠올리게 될 거야.' 자주 독립, 자유 민권, 자강 개혁 운동'을 내세웠던 독립 협회의 활동 말이야. 하지만 독립 협회는 우리가 아는 그런 활동을 하지 않았어. 독립이라는 가면을 쓰고 가면과는 어울리지 않는 엉뚱한 일을 많이 했거든. 무슨 말이냐고? 이제부터 잘 들어 봐.

궁금한 우리 역사 찾기

열강의 개입을 환영했던 독립 협회

1896년에 만들어진 독립 협회는 독립문 건립 추진 위원회로 출발했습니다. 독립문을 세운다고 하자 많은 사람들이 성금을 보냈고 그 덕분에 독립문은 서대문 쪽에 세워졌습니다.

그런데 독립 협회는 왜 독립문을 세우려 했을까요? 그것도 중심에서 벗어난 곳에다 말입니다.

독립 협회 회원들의 주장대로라면 독립문은 나라의 독립을 기념하기 위해 세워졌습니다. 그런데 어디로부터의 독립을 말하는 걸까요?

독립문이 세워진 자리는 조선이 청나라의 사신을 맞이하던 영은문이 있던 곳입니다. 그러니까 독립문은 조선이 청나라의 지배에서 벗어난 것을 기념하기 위해 세워진 것이지요. 실제로 독립 협회 회원들은 독립문을 보고 '조선이 이제야 청나라에서 독립하는구나.'하고 기뻐했다고 합니다.

물론 조선이 청나라로부터 벗어난 것은 기념할 만한 일입니다. 그런데 왜 독립 협회는 유독 청나라를 경계했던 걸까요?

독립 협회를 이끌었던 대부분의 위인들은 갑신정변을 일으켰던 개화파의 사상을 이어받았습니다. 그런데 개화파는 일본에 기울어진 근대 의식을 가지고 있었지요. 이토 히로부미가 조선에 왔을 때 '한국의 독립에 공이 큰 사람'이라고 크게 환영했을 정도로 말입니다. 그러니 이들의 생각이 독립 협회의 활동에 영향을 준 것은 당연한 일이었습니다.

그런데 언제부터인가 독립 협회는 러시아를 반대하는 입장에 섰습니다. 러시아가 조선을 삼키려 한다는 이유에서였습니다.

독립 협회가 활동하던 당시는 러시아, 일본을 비롯한 많은 강대국들이 우리 조선을 넘보고 있었습니다. 자기네끼리 조선 땅에서 이권을 차지하기 위해 치열한 다툼을 벌이고 있었습니다.

그런데 독립 협회는 그러한 강대국들의 침략에 별로 신경을 쓰지 않았습니다. 왜냐면 독립 협회를 이끈 사람들은 외국 시장을 개방하여 그들의 상품을 수입하고 외국 자본을 끌어들이는 것이 조선의 산업 발전에 유리하다고 믿었기 때문입니다. 그래서 영국, 일본, 미국 등이 조선의 땅과 그 개발권을 놓고 이권 다툼을 할 때도 전혀 반대하지 않았던 것입니다. 다만 여

독립문 독립 협회의 서재필을 중심으로, 중국 사신을 영접하던 영은문을 헐고 그 자리에 세워졌다 (1897년). 사진은 1904년의 모습이다.

러 강대국 가운데 러시아만이 조선을 넘보고 있다는 생각에 러시아와 그 동맹국인 프랑스의 개입만을 반대했습니다. 하지만 결과는 어떠했습니까? 그들이 가장 믿었던 일본이 조선을 삼키지 않았습니까?

이처럼 독립 협회는 청나라 그리고 러시아만을 경계한 잘못된 독립 의지를 가지고 있었습니다. 그래서 민중들이 벌인 반일·반침략 운동을 가리켜 '민중은 질서 있는 운동을 일으킬 능력이 없다. 기껏 한다는 것이 민란이나 일으키니 이들은 죄인이다… ….'라며 무시했습니다.

물론 독립 협회가 자유로운 토론의 장을 마련하고 또, 서양의 발달된 사상이나 문물을 소개하여 조선의 근대화에 도움을 준 측면도 있습니다. 하지만 그들이 내세운 세 가지 주장과 같은 애국적 활동을 하지는 않았습니다. 만민 공동회가 민중들의 불만이 폭발되는 장으로 발전하자 독립 협회가 앞장서서 해산시키려 했던 것만 봐도 알 수 있습니다.

우리가 역사를 올바르게 보려면 독립 협회의 잘못된 역사관도 반드시 기억해야 할 것입니다.

초등학생이 가장 궁금해 하는 우리 역사 베스트

오백 년 조선 왕조는
어떻게 역사 속으로 사라졌나요?

1905년 11월 9일, 이토 히로부미는 고종 황제에게 일본 천황이 보낸 친서를 내밀면서 거만하게 말했습니다.

"폐하, 진정으로 조선의 안정을 원하신다면 저희에게 외교권을 맡기십시오."

"그것은 과인이 맘대로 정할 수 있는 일이 아니오."

"다시 생각해 보십시오. 어찌 어리석은 조선의 백성들이 외교를 안단 말입니까?"

"말씀이 지나치시오! 나는 죽어도 허락할 수 없소!"

고종이 강하게 반대하자 이토 히로부미는 대신들을 소집하고 일본 군대와 경찰을 불러 들였습니다. 그러고는 또 다시 외교권을 넘기라고 강요했습니다.

"폐하, 일본의 제안을 받아들이십시오. 조선의 외교는 언제나 조선을 위기에 빠지게 했습니다. 하지만 일본은 여러 차례의 전쟁을 치르면서 조선을 지키는 데 도움을 주지 않았습니까? 그러니 이번 조약을 체결하는 것은 부득이한 일이옵니다."

"제 생각도 이완용 대신과 같사옵니다."

이완용을 비롯하여 이근택, 이지용, 민영기, 권중현 대신이 조약 체결에 적극적으로 찬성하자 대신 중 한 사람인 한규설은 당황했습니다.

"아니, 이 조약의 내용을 제대로 이해하기는 한 거요? 그렇다면 이럴 수가 없소. 절대로 안되오, 이 조약에 찬성할 수 없소!"

한규설 혼자 조약 체결에 반대하자 이토 히로부미는 몹시 화를 냈습니다.

"조선은 청나라의 속국 아니었소? 우리 일본은 그런 당신네 나라의 독립을 위해 많은 생명과 재산을 버려가며 청과 싸웠소. 또 우리가 러시아와 싸운 것도 당신네 때문이었

소. 만일 우리 일본이 아니
었으면 당신들이 온전했
을지 장담할 수 있소, 한
규설 대신?"

"난 일본을 배척하자는
게 아니오. 하지만 외교권
마저 넘긴다면……. 그것
은 불을 보듯 뻔하지 않소?"

"좋소. 이 문제는 대신들이 의논을 해서 결정하도록 하시오. 단, 만일 당신들이 일본을
우롱한다면 일본 천황의 이름으로 가만 두지 않을 것이오."

이토는 큰 소리를 치더니 밖으로 나갔습니다. 그리고 잠시 후, 이토 히로부미와 여러
대신들은 고종의 허락도 없이 조약을 체결시키고 말았습니다. 조선의 운명을 재촉한 '을
사조약'은 이렇게 맺어졌습니다.

조선 다음에 오는 시대를 뭐라고 생각하니? 조선 다음을 잇는 건 일제 강점기 역사
야. 그 이전까지는 우리 민족 스스로 왕조를 바꾸어 가며 역사를 이어갔지만 일제
강점기는 그렇지 않았어. 물론 우리의 역사가 끊어진 것은 아니야.
그렇다면 조선 왕조 오백 년 역사의 마지막은 언제일까? 또, 어떤 모습이었을까?

궁금한 우리 역사 찾기

일본에 짓밟힌 역사 조선왕조 오백 년

개항 이후 여러 강대국은 조선에서 많은 이권을 빼앗아 갔습니다. 광업, 임업, 철도, 해운 등에 관한 이권이 일본, 러시아, 프랑스, 영국 등에 넘어가고 외국 물건들이 들어왔습니다.

이렇게 되자 일상 생활에도 많은 변화가 일어났습니다. 촛불 대신 석유 등잔이 쓰이고 부싯돌 대신 성냥이 쓰였습니다. 그리고 대궐에서는 전등을 사용했고 서울 거리에는 전차가 등장했습니다. 또, 인천에서 노량진까지 철도가 개통되었고 화물을 실어 나르는 큰 배가 운항되었습니다.

그런데 이런 변화는 조선을 위한 것이 아니었습니다. 철도는 일본이, 전기·수도 시설이나 전차는 미국이 소유하는 식으로 강대국끼리 서로 이득을 나누어 가졌던 것입니다. 우리 백성들이 철도니 전등이니 하는 것에 넋이 나가 있는 동안 그들은 조선 땅을 차지하려고 했던 것입니다.

이렇게 한반도에서 강대국들이 힘겨루기를 계속하고 있을 때 일본은 조선을 삼키려는 준비를 차근차근 진행하고 있었습니다.

먼저 일본은 영국과 동맹을 맺었습니다. 그리고 러시아와 전쟁을 일으켜 승리를 거두었습니다. 또, 미국과는 카쓰라 — 태프트 밀약을 맺었습니다. 그런데 일본이 맺은 조약의 내용은 모두 다른 나라가 '일본은 조선을 보호하는 나라'라고 인정한다는 것이었습니다.

계획대로 모든 준비를 마친 일본은 이번엔 고종을 윽박지르며 강제로 조약을 맺으려 했습니다. 약한 조선을 보호한다는 명목 아래 조선의 외교권부터 빼앗을 목적이었습니

186 한국사를 부탁해

다. 이것이 바로 '을사조약'입니다.

을사조약이 강제로 체결되자 한반도는 일본의 손아귀에 들어가고 말았습니다. 하루 아침에 이빨 빠진 호랑이 신세가 되어 버린 것입니다. 그러자 국민들 가운데는 울분을 이기지 못해 스스로 목숨을 끊는 사람이 생겼습니다. 그런가 하면, 전국 각지에서 의병 운동이 일어났고 지식인들은 교육 운동을 펼쳐 나갔습니다.

을사조약 전문 1905년, 일본이 한국의 외교권을 빼앗기 위해 강제로 맺은 조약.

이런 분위기에 힘을 얻은 고종은 헤이그에서 열리는 만국 평화 회의에 세 명의 특사를 파견했습니다. 일본의 조약 체결이 불법이었다는 걸 세계에 알리기 위해서였습니다.

하지만 회의에 참석한 대부분의 나라가 이미 일본의 조선 지배를 인정한 상태였기 때문에 헤이그 특사 파견은 실패하고 말았습니다. 오히려 일본은 이 일을 조약 위반이라고 우기면서 고종을 강제로 왕위에서 물러나게 하고 새로운 조약 체결을 강요했습니다. 이 것이 '한일신협약'입니다.

이 조약으로 법률 제정권과 사법권까지 일본에 넘어갔고 조정의 최고 관리직이 모두 일본인으로 바뀌었습니다. 그리고 얼마 뒤엔 '정미 7조약'을 맺어 조선의 군대마저도 해산시켰습니다.

이제 조선이 할 수 있는 일이란 일본에 흡수되어 한 나라가 되는 것뿐이었습니다.

1910년 8월 29일, 마침내 이완용 등의 일곱 대신들이 '한일병합조약'에 서명을 했습니다.

이로써 1392년부터 1910년까지 519년 동안 이어 온 조선 왕조는 역사 속으로 사라졌습니다.

초등학생이 가장 궁금해 하는 우리 역사 베스트

3.1운동 때 민족 대표 33인이 파고다 공원에 없었다고요?

"땅을 팔아 거지가 되어도 좋으니 태화관 기생하고 술 한번 마셔 봤으면 좋겠어."

"얼마나 흥이 날꼬? 아리따운 기생과 함께 춤을 추면……."

남자들은 모였다 하면 태화관 얘기로 날새는 줄 몰랐습니다.

"에이, 그만 좀 하게나. 그런 데는 고급 관리들이나 드나드는 곳이지."

남자들의 말처럼 태화관은 관리들이나 친일파가 들락거리며 노는 고급 음식점이었습니다.

어느 날, 거리에는 큼지막한 안내문이 걸렸습니다.

'1919년 3월 1일 정오, 파고다 공원, 민족 대표 33인이 독립선언서를 낭독한다.'

안내문을 본 사람들은 파고다 공원으로 몰려들었습니다.

"파고다 공원에서 독립선언서를 낭독한대. 어서 가 보자고."

그런데 시간이 다 되어도 민족 대표는 나타나지 않았습니다.

한편, 손병희는 태화관 주인에게 전화를 걸어 점심 손님이 간다는 연락을 했습니다. 오후 1시가 가까워 오자 태화관에는 민족 대표들이 하나 둘 모습을 드러냈습니다. 태화관 동쪽 처마에는 태극기도 걸렸습니다.

민족 대표들은 자리에서 일어나 태극기를 향해 경례를 한 다음, 최남선이 지은 독립선언서를 낭독했습니다.

독립선언서를 다 읽자 민족 대표는 '대한 독립 만세'를 세 번 외친 뒤 곧장 기념 잔치를 열었습니다.

"여보게, 주인장!"

188 한국사를 부탁해

잔치가 한창 무르익어 갈 때쯤 손병희가 주인을 불렀습니다.

"총독부에 전화를 걸어서 우리가 독립 선언을 했다고 알리시오."

조금 있자니 일제 헌병과 순사들이 인력거를 가지고 태화관에 도착했습니다. 그러나 인력거를 본 민족 대표들은 화를 버럭 냈습니다.

"아니, 우리 더러 이걸 타고 가라는 말이오? 어서 가서 자동차를 가지고 와요."

조금 뒤, 택시 일곱 대가 태화관으로 왔습니다. 그제야 민족 대표들은 택시를 나누어 타고 순순히 총감부로 잡혀 갔습니다.

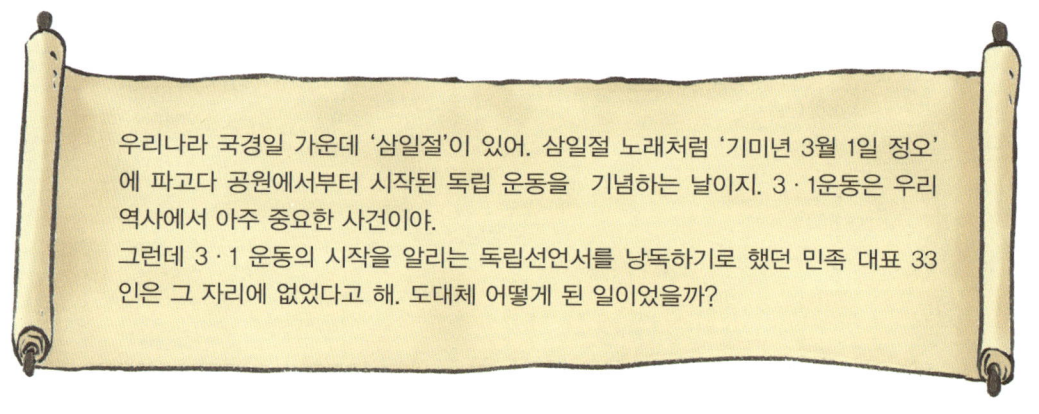

우리나라 국경일 가운데 '삼일절'이 있어. 삼일절 노래처럼 '기미년 3월 1일 정오'에 파고다 공원에서부터 시작된 독립 운동을 기념하는 날이지. 3·1운동은 우리 역사에서 아주 중요한 사건이야.

그런데 3·1 운동의 시작을 알리는 독립선언서를 낭독하기로 했던 민족 대표 33인은 그 자리에 없었다고 해. 도대체 어떻게 된 일이었을까?

궁금한 우리 역사 찾기

독립 운동에 소극적이었던 민족 대표

1919년 3월 1일은 역사적인 3·1 운동이 일어난 날입니다. 그날의 풍경은 이러했습니다. 시계가 정오를 가리키자 파고다 공원 주변에는 수만 명의 군중들로 가득 메워졌습니다. 하지만 군중들이 기다리고 있는 민족 대표들은 모습을 보이지 않았습니다. 그러자 한 학생이 기다리다 못해 단상 위에 뛰어올라 '독립선언서'를 낭독하기 시작했습니다.

"우리들은 조선의 독립국임과 조선인의 자유민임을 선언하노라. 이로써 세계 만방에 고하여 인류 평등의 대의를 밝히며… …."

여기저기서 만세소리가 터져 나왔습니다.

"대한 독립 만세! 대한 독립 만세! "

만세 소리가 온 하늘에 울려 퍼졌습니다.

그런데 그 무렵 민족 대표 33인은 군중과의 약속을 어기고 태화관이라는 음식점에 있었습니다. 그들은 그곳에서 독립선언서를 읽고 잔치를 벌이다가 총독부에 전화를 걸어 자수했습니다. 민족 대표라는 사람들이 그렇게 황당한 일을 한 데에는 무슨 특별한 이유라도 있었던 걸까요?

3·1 운동이 일어날 무렵 세계는 큰 변화가 일고 있었습니다. 미국의 윌슨 대통령이 '민족자결주의'를 제안한 뒤 수많은 약소국들이 독립을 얻게 되었고 우리나라에도 희망을 안겨 주었습니다.

일본에서는 동경 유학생들이 '조선 청년 독립단'을 만들어 1919년 2월 8일 독립선언서를 낭독했습니다.

그렇게 시작된 3·1 운동은 순식간에 전국으로 퍼져 나갔습니다. 학생은 물론 농민, 주부에 이르기까지 모든 백성이 거리로 나왔습니다. 하지만 일제는 평화적 시위마저도 가만 두지 않았습니다. 일제는 헌병, 경찰 심지어는 소방대까지 동원하여 우리 백성들을 탄압했습니다. 그러자 운동의 형태는 농기구 같은 것을 들고 맞서는 무장 항거로 변해갔습니다.

일제는 점차 주동자를 체포하고 무기를 사용하는 등 우리 민중들을 무자비하게 탄압했습니다. 3, 4월 두 달 동안 사망자가 7천 5백여 명, 부상자가 1만 6천여 명에 이르렀다고 합니다. 아무튼 이러한 일제의 탄압 때문에 3·1 운동은 점차 가라앉아 버렸습니다.

그런데 우리 민중들이 피흘리며 독립 만세 운동을 벌이고 있을 때 33인의 민족 대표는 무엇을 하고 있었을까요?

민족 대표 33인은 3·1 운동을 시작할 때부터 일제와 타협하는 자세를 보였습니다. 그들은 3·1 운동이 더욱 확대되어 일제와 충돌하는 것을 두려워했던 것입니다. 그래서 독립선언서를 낭독하는 장소도 갑자기 바꾸어 버렸던 것이지요.

민족 대표 33인은 일본에 호소하면 독립이 이루어질 것이라고 착각했습니다. 또, 우리 민중의 힘을 믿지 않았을 뿐더러 국제 정세에 나라의 운명을 맡기려 했습니다.

물론, 민족 대표가 만든 독립선언서나 그들의 활동이 독립 만세 운동을 일으키는 데 큰 역할을 한 것은 분명합니다. 하지만 일본 경찰에 스스로 체포해 갈 것을 부탁한 일은 목숨을 바쳐 일제와 싸운 민중들의 모습에 비추어 볼 때 결코 옳은 일이 아니었습니다.

부록 초등 한국사 사전

선사 시대
사람들이 문자를 발명하기 이전의 시대. 인간이 문자를 발명한 것은 지금으로부터 약 5000년 전인 청동기 시대부터이다. 따라서 선사 시대란 구석기 시대와 신석기 시대를 말한다.

구석기 시대
신석기 시대에 앞선 석기 시대로, 뗀석기를 주로 쓰던 시기를 말한다. 우리나라에서 구석기 시대가 시작된 것은 약 70만 년 전부터이며, 충남 공주 석장리, 함북 웅기 굴포리, 경기 연천 전곡리 등에 그 흔적이 남아 있다.
구석기 시대 사람들은 동물을 사냥하고 식물의 열매를 채집하여 식생활을 하였고 먹을 것을 찾아서 이곳저곳을 떠돌아다니며 동굴에서 살았다.

뗀석기
구석기 시대에 돌을 깨뜨리거나 떼어 내어 만든 도구. 가장 대표적인 것은 주먹도끼인데, 1978년 경기 전곡 연천리에서 발견되었다. 주먹도끼는 짐승을 사냥하거나 털과 거죽을 가를 때 쓴다.

신석기 시대
뗀석기보다 발달된 간석기(돌을 갈아서 만든 석기)와 토기를 만들어 쓰던 시대.
우리나라에서는 약 1만여 년 전부터 시작되었다. 신석기 시대에는 조, 피 같은 농사를 짓기 시작하였고 강가에 움막을 짓고 한 곳에 머물러 살았다.

빗살무늬 토기
빗살 같은 줄이 새겨지거나 그어져 있는 신석기 시대의 토기로, 음식을 만들거나 보관하는 데 썼다. 붉은 찰흙으로 빚었고 바닥이 뾰족하여 강가나 바닷가 모래에 고정시키기 편리하게 만들어졌다.

단군왕검
우리나라 최초의 국가인 고조선을 세운 인물. 단군 신화에 따르면 환웅과 웅녀 사이에서 태어나 기원전 2333년, 아사달에 도읍을 정하고 고조선을 세워 약 2천년 동안 나라를 다스렸다고 한다.

마니산 참성단
인천광역시 강화군 강화도 마니산 서쪽 봉우리에 있는 제단. 돌을 쌓아 만들었는데 바닥은 둥글고 위쪽은 네모지다. 단군왕검이 하늘에 제사를 지낸 곳으로 알려져 있다. 이곳에서 해마다 개천절에 하늘에 제사를 지내고 있다.

삼한
삼국 시대 이전에 우리나라 중남부에 있었던 마한, 진한, 변한 세 나라를 합쳐서 부르는 말. 마한은 경기도, 충청도, 전라도 지방에 걸쳐 있었고 진한은 경상북도, 변한은 낙동강 유역을 중심으로 남해안에 자리 잡고 있었다.
후에 마한은 백제로 합쳐지고 진한은 신라로, 변한은 가야로 성장했다.

주몽
고구려의 시조. 성은 주몽 또는 추모. 해모수와 유화 부인 사이에서 알로 태어났다고 전해지고 있다. 기원전 37년, 동부여 금와왕의 일곱 왕자를 피해 남쪽으로 내려와 졸본에 나라를 세우고 나라 이름을 고구려라 하였다.

박혁거세
신라의 시조. 경상도 지방의 여섯 마을 촌장의 추천

으로 열세 살에 왕이 되었고 나라 이름을 서라벌이라고 하였다. 서라벌은 나중에 신라로 이름을 바꾸었다. 박혁거세는 경주에 있는 나정이라는 우물 곁에서 신비한 빛이 나는 알에서 태어났다고 한다.

온조왕
백제의 시조. 동명성왕(주몽)의 아들로 형 비류와 함께 남쪽에 나라를 세웠다.
형 비류는 미추홀에 도읍을 정하였고, 온조는 한강 유역 위례성에 도읍을 정하고 나라 이름을 십제라 했다. 그 뒤, 비류가 죽자 그의 백성들까지 모아 나라 이름을 백제로 고쳤다.

가야
낙동강 하류 지역에서 12부족의 연맹체를 통합하여 김수로왕의 형제들이 세운 여섯 나라를 합쳐서 부르는 말. 금관가야, 아라가야, 소가야, 고령가야, 성산가야. 가락국이라고도 한다.

청동기 시대
무기와 생산 도구 같은 주요 기구를 청동으로 만들어 쓰던 시대. 청동은 구리와 주석을 섞은 금속으로 인류가 최초로 쓴 금속이다. 우리나라는 기원전 1천년경에 시작되었고, 이때에 청동기 사용으로 강력한 군대가 조직되어 강대한 왕국이 나타나게 되었다.

팔조법
고조선 때에 백성을 다스리는 여덟 가지 법률. '사람을 죽인자는 사형을 시킨다. 남을 다치게 한 사람은 곡식으로 갚아야 한다. 도둑질을 한 사람은 도둑을 맞은 집의 종으로 삼는다.'는 세 가지 조항만 옛 문헌에 전해지고 있다.

철기 시대
농기구와 무기를 철기로 만들어 쓰던 시대. 우리나라는 기원전 5세기경에 전파되기 시작해 기원전 1세기에는 한반도에 널리 퍼졌다. 철제 농기구가 널리 쓰이면서 농작물을 더 많이 생산할 수 있었고 그로 인하여 사회 구조가 바뀌고 여러 나라들이 생겨나게 되었다.

부여
기원전 1세기 무렵에 부여족이 북만주 일대에 세운 나라. 농경 생활을 주로 하였고 중국으로부터 철기 문화를 받아들이고 무역을 활발히 하여 한때 만주 지역에서 가장 부강한 나라가 되었다.
그러나 285년 선비족 모용외의 침입으로 국력이 크게 쇠퇴하였고, 494년, 고구려에 항복함으로써 멸망하였다.

골품 제도
신라 때 혈통에 따라 나눈 신분 제도. 신라의 지배층인 왕족은 성골과 진골, 귀족은 육두품, 오두품, 사두품, 평민은 삼두품, 이두품, 일두품으로 나누었다.
성골은 부모가 모두 왕족으로, 왕이 될 수 있었고 진골은 부모 중 한쪽만 왕족으로 가장 높은 관직까지 승진할 수 있었다.
6두품 이하는 벼슬에 나갈 기회도 적고 일상 생활에 많은 규제를 받았다.

화랑
신라 때 조직된 청소년의 수양 단체. 진흥왕 때 나라에 필요한 인재를 기르기 위해 만들어졌는데 충성과 신의를 중요하게 여겼으며 신라가 삼국을 통일하는데 크게 이바지하였다. 나라가 어려울 때마다 큰 힘이 되어 백성들로부터 존경을 받았다. 김유신, 김춘

부록 초등 한국사 사전

추, 관창, 죽지랑 등이 모두 화랑 출신이다.

고구려

우리나라 고대 삼국 가운데 동명왕 주몽이 기원전 37년에 졸본에서 세운 나라.

고구려의 전성기는 광개토 대왕과 장수왕 때로 동북아시아에서 가장 강한 나라로 이름을 떨쳤고, 그 시절 한반도 남부에서 북으로 요동과 만주 대부분의 땅을 차지하였다. 그러나 666년 고구려의 최고 집권자였던 연개소문이 죽자 그의 아들 사이에 권력 다툼이 일어나 국력이 쇠퇴하였고 결국 668년에 신라와 중국 당나라 연합군에게 멸망하였다.

신라

우리나라 고대 삼국 가운데 박혁거세가 기원전 57년에 지금의 경상도 지방을 중심으로 세운 나라. 수도를 경주로 하였고, 시조 혁거세부터 56대 경순왕까지 992년 동안 이어졌다.

신라는 진흥왕 때에 가야를 병합하였고 660년에는 백제를 멸망시켰으며 이어 668년에 고구려까지 멸망시켜 삼국을 통일하였다. 그러나 935년, 고려 왕건에게 망하여 신라 천년의 역사는 막을 내렸다.

백제

우리나라 고대 삼국 가운데 온조왕이 기원전 18년에 한강 유역 위례성에 세운 나라.

백제는 한강 유역을 중심으로 발전하여 고이왕 때 한강 유역을 통합하고 고대 국가의 모습을 갖추었다. 그 뒤, 근초고왕 때는 중국과 일본 규슈까지 진출하여 해상 왕국을 이루었다. 또한 중국 문화를 받아들여 세련된 문화를 만들어 냈으며 일본 문화에 많은 영향을 끼쳤다.

660년, 당나라 소정방과 신라 김유신이 이끄는 연합군에 패하여 멸망하였다.

연개소문

고구려 말기의 장군. 15세에 아버지의 직책을 이어받아 동부인(부족의 장)·대대로(중앙 정부의 우두머리)의 자리에 올랐다. 그 뒤, 영류왕을 죽이고 보장왕을 왕으로 세운 다음 자신은 고구려 최고의 벼슬인 대막리지가 되어 권력을 잡았다. 645년 당나라 태종이 17만 대군을 이끌고 쳐들어오자 이를 크게 물리쳤고 그 뒤에도 4차례나 당나라의 침입을 받았으나 그때마다 싸워 물리쳤다. 666년 연개소문이 죽자, 그의 아들이 세력 다툼을 벌여 고구려 멸망의 원인이 되었다.

발해

668년에 고구려 장수였던 대조영이 고구려 유목민과 말갈족을 거느리고 세운 나라. 고구려를 계승하였으며 처음에는 나라 이름을 진이라 했다가 713년부터 발해라 하였다. 한때 해동성국이라 불릴만큼 동북아시아의 강대국으로 이름을 떨쳤으나, 926년 거란에게 망하였다.

발해가 신라와 함께 있었던 시기를 남북국 시대라고 한다.

궁예

후고구려를 세운 왕. 궁예는 신라 헌안왕 또는 헌강왕의 아들이었다고 한다. 어릴 때 왕실의 권력 다툼으로 쫓겨나 승려가 되었다가 신라가 기울자 양길의 부하가 된 뒤, 세력을 키워 송악에 수도를 정하고 왕이 되었다. 처음에는 나라 이름을 후고구려라고 했으나 904년에 마진이라 고치고, 911년에는 다시 태봉으로 바꾸었다. 처음에는 나라를 잘 다스렸으나 세력이 커지자 스스로 미륵불이라 일컬으며 횡포를 일삼아 결국 그를 따르던 장군들에 의해 죽음을 맞았다.

왕건

고려의 제1대 왕. 19세 때 아버지를 따라 궁예의 부하 장군이 되어 경기 남부와 충청도, 전라도 나주를 궁예의 땅으로 만들었다. 이러한 공로로 왕건은 최고의 벼슬인 시중의 자리까지 올랐다.

한편 궁예가 민심을 잃자 신유, 신숭겸 등의 장군들이 궁예를 내쫓고 왕건을 왕으로 추대하였다. 왕위에 오른 왕건은 나라 이름을 고려라 하고 우리 민족을 하나로 모으려는 정책을 폈다.

고려

918년에 왕건이 궁예를 내쫓고 개성에 도읍하여 세운 나라. 고려는 935년 신라를 흡수하고, 936년 후백제까지 멸망시켜 후삼국을 통일하였다. 불교와 유학을 숭상하였고 문종 때 문물이 가장 발달하였으나 무신의 난 이후 외부의 침입에 시달리다가 1392년, 이성계에게 왕위를 넘겨주었다.

말갈족

중국 동북 지방에 살던 유목민으로 숙신, 읍루, 물길로 불렸다. 고구려 건국 후에는 고구려의 지배를 받았고 고구려가 망한 뒤에는 발해의 지배를 받았다. 고려 시대에는 여진족으로 불렸다.

만적

고려 신종 때 최충헌의 노비로, 무신이 정권을 잡은 뒤로 천한 노비였던 사람도 높은 벼슬에 오르는 것을 보고 노비 해방을 위하여 난을 일으키려 했던 사람. 동지의 배반으로 체포되어 죽었다.

최영

고려 말기의 장군. 왜구를 토벌하는 등 나라를 지키는 데 큰 공을 세웠다. 1388년에 명나라를 치러 군대를 이끌고 나아갔으나 이성계의 환군으로 실패하였다. 그 뒤에 반란을 일으킨 이성계를 막으려다 그에게 죽임을 당했다.

공민왕

고려 제31대 왕. 공민왕은 새로 나타난 명나라로 인해 원나라가 쇠약해진 틈을 타 빼앗긴 땅을 되찾고 몽골 풍습인 변발과 호복 등을 없애 고려를 되살리고자 애썼다.

그림 솜씨도 뛰어나 〈천산대렵도〉 등의 작품을 남겼다.

고려 청자

고려 시대에 만들어진 푸른빛의 도자기. 고려 자기는 푸르스름한 청자가 많았는데 처음에는 무늬가 없는 순청자를 만들었고 그 뒤, 청자에 무늬를 새겨 넣은 상감 청자를 많이 만들었다.

고려 청자는 맑은 비취색과 우아한 형태의 독특한 아름다움으로 여러 나라의 감탄을 샀다.

몽골 제국

1206년 징기즈칸이 몽골족을 통일하고 세운 나라. 중국을 정복한 뒤, 러시아, 유럽, 아라비아에 걸친 세계에서 가장 큰 제국을 건설하였다. 이 과정에서 몽골 제국은 우리나라까지 차지하려고 1231부터 1270년까지 7차례나 침입했고 그 뒤, 80여년 동안 고려의 정치에 간섭 했다.

이성계

함경도 지방에서 원나라의 관리를 지낸 아버지 이자춘의 아들로 태어난 이성계는 고려 말기에 왜구와 홍건족의 침입을 여러 차례 물리쳐 공을 세웠다.

1388년 요동 정벌 때 북진하다가 군사를 이끌고 되돌

부록 초등 한국사 사전

아와 최영을 비롯한 반대파를 몰아내고 정권을 손에 쥐었다. 1392년에 공양왕을 몰아내고 고려를 멸망 시킨 뒤 새 왕조를 세우고 왕위에 올라 나라 이름을 조선이라 하였다.

삼별초
고려 시대에 둔 좌별초, 우별초, 신의군의 세 군대를 합쳐서 부른 말이다. 삼별초는 최씨 무신 정권을 뒷받침하기도 했지만 고려의 정규군이 약해지자 몽골군과 치른 전투에서 맹활약을 했다.
무신정권이 무너지고 몽골과 강화를 맺자, 삼별초 장군들이 정부를 비판하며 반란을 일으켜 몽골에 끝까지 저항했다.

묘청
고려의 승려. 풍수지리설을 이용하여 정치계에 나와 왕실의 고문이 되었다. 당시 서울인 개경 출신들의 세력을 꺾고자 서경 출신인 묘청이 서울을 서경으로 옮기자고 주장 했으나 김부식 등의 반대파에 부딪쳐 실패했다. 그러자 묘청이 서경에서 반란을 일으켰고 김부식의 진압군에 평정되어 죽임을 당했다.

황희
조선 시대의 명재상. 세종 때에 예조판서, 강원도 관찰사, 대사헌 이조판서, 우의정 등의 관직을 두루 거쳤고 그 뒤, 18년 간 영의정을 지냈다. 농사법을 개량하고 문물제도의 정비에 힘썼으며 청렴결백하고 너그러운 성품으로 유명하다.

세조
조선 제7대 왕. 세종의 둘째 아들이자 문종의 동생으로, 문종이 죽고 어린 조카인 단종이 왕위에 오르자 김종서 등 자기를 반대하는 신하들을 죽인 뒤 마침내

단종을 몰아내고 왕위에 올랐다.
왕이 된 세조는 군사와 토지 제도를 개선하여 어려운 백성들의 짐을 덜어주었고 북방을 괴롭히는 여진족을 토벌하는 등 조선 초기 왕권 확립에 크게 이바지하였다.
신하에게 명하여 조선의 기본 법전인 〈경국대전〉 등을 편찬하게 하였다.

과거제도
고려, 조선 시대에 시험을 보아 관리를 뽑는 제도. 원래 중국의 제도였지만 고려 광종 때 중국 후주 사람으로 고려에 귀화한 쌍기의 건의를 받아들여 처음 실시하였다. 과거 시험은 문신을 뽑는 문과, 기술 전문가을 뽑는 잡과, 승려를 위한 승과가 있었다. 조선 시대에 들어와서는 승과가 없어지고 무과가 생겼다.

왜구
고려 중기부터 조선 전기까지 중국과 우리나라 바닷가 지역에서 약탈을 일삼던 일본의 해적. 특히 고려 말에 심하게 침입했다. 조선 시대에도 왜구의 노략질은 계속 되어 세종은 이종무를 보내 왜구의 소굴인 쓰시마섬을 정벌하기도 했다.

암행어사
조선 시대에 임금의 명령을 받아 지방 관리의 잘못을 조사하고 백성의 어려움을 살펴서 개선하는 일을 맡아 하던 임시 벼슬.

영조
조선의 제21대 왕. 영조가 왕위에 오를 당시에는 붕당정치가 매우 심하여 여러 문제점이 나타났다. 그래서 영조는 왕이 되자 인재를 고르게 등용하는 정책을 써 그러한 문제점을 해결하려고 힘썼다. 뿐만아니라

백성들을 위해 세금 제도를 개선하고 신문고 제도를 되살리기도 했다.

붕당정치
조선 시대에 사람들이 붕당을 이루어 상대 붕당을 비판하고 견제하면서 하던 정치. 붕당 정치는 조선 선조 때 같은 학문 계통을 가진 사람이 동인과 서인으로 갈라지면서 시작되어 노론, 소론, 남인, 북인으로 나뉘는 등 조선 후기까지 계속되었다.
처음에는 정치 발전에 도움이 되었으나 나중에는 자기 붕당의 이익만을 좇는 많은 문제점이 나타났다.

김정호
조선 후기의 지리학자. 어려서부터 지리에 관심이 많았던 김정호는 평생 지도 만들기에 모든 것을 바쳤다. 그가 만든 지도로는 〈청구도〉·〈동여도〉·〈대동여지도〉등이 있다. 〈대동여지도〉는 가로 3미터 세로 7미터로 조선 시대에 만들어진 지도 가운데 가장 크며 산과 강, 관청, 성곽, 도로 등이 자세하게 표시되어 있다.

김옥균
조선 말기의 정치가. 충남 공주에서 태어났으며 1872년 문과에 장원으로 급제하여 벼슬길에 올랐다. 박규수, 오경석 등의 영향을 받아 개화사상을 가지게 되었고 1884년 갑신정변을 일으켰으나 3일만에 실패로 끝나 일본으로 망명하였다.
1894년에 상하이로 건너갔는데 조선 정부에서 보낸 홍종우에게 죽임을 당했다.
우리나라 개화사상의 형성에 크게 기여한 인물이다.

독립 협회
서재필, 이상재, 윤치호 등 개화파 지식인이 우리나라의 자주 독립과 개혁을 위하여 만든 정치, 사회 단체. 〈독립 신문〉을 펴내고 독립문을 세워 백성들에게 독립 정신을 불러일으켰다.
1898년에는 누구나 자유롭게 의견을 말할 수 있는 만민공동회를 개최하여 외세에 의존하는 왕실을 비판하고 국민이 직접 정치에 참여하는 민주 정치를 할 것을 주장하였다. 그러나 고종은 왕을 없애고 대통령을 뽑으려 한다는 소문에 놀라 독립 협회의 간부들을 체포하고 독립 협회를 해산시켰다.

이토 히로부미
일본의 정치가. 메이지 정권 주요 관직을 두루 거쳐 초대 내각 총리 대신까지 지냈다. 1905년에 특파 대사로 우리나라에 온 이토 히로부미는 을사조약을 강제로 체결하였고 조약 체결 뒤 초대 조선 통감으로 부임하여 우리나라의 국권을 강탈하는 한일병합의 기초를 닦았다.
1909년 만주 하얼빈역에서 안중근 의사의 총탄에 맞아 죽었다.

민족대표 33인
3.1운동 때 독립선언서에 서명한 33명의 민족 대표. 천도교 대표 손병희, 오세창, 불교 대표 한용운, 백용성, 기독교 대표 이승훈, 길선주를 비롯한 민족 대표들은 1919년 3월 1일 정오, 태화관에서 독립선언서를 발표하고 대한독립만세를 외쳤다.

부록 초등 한국사 사전 197

남북국시대 왕계표

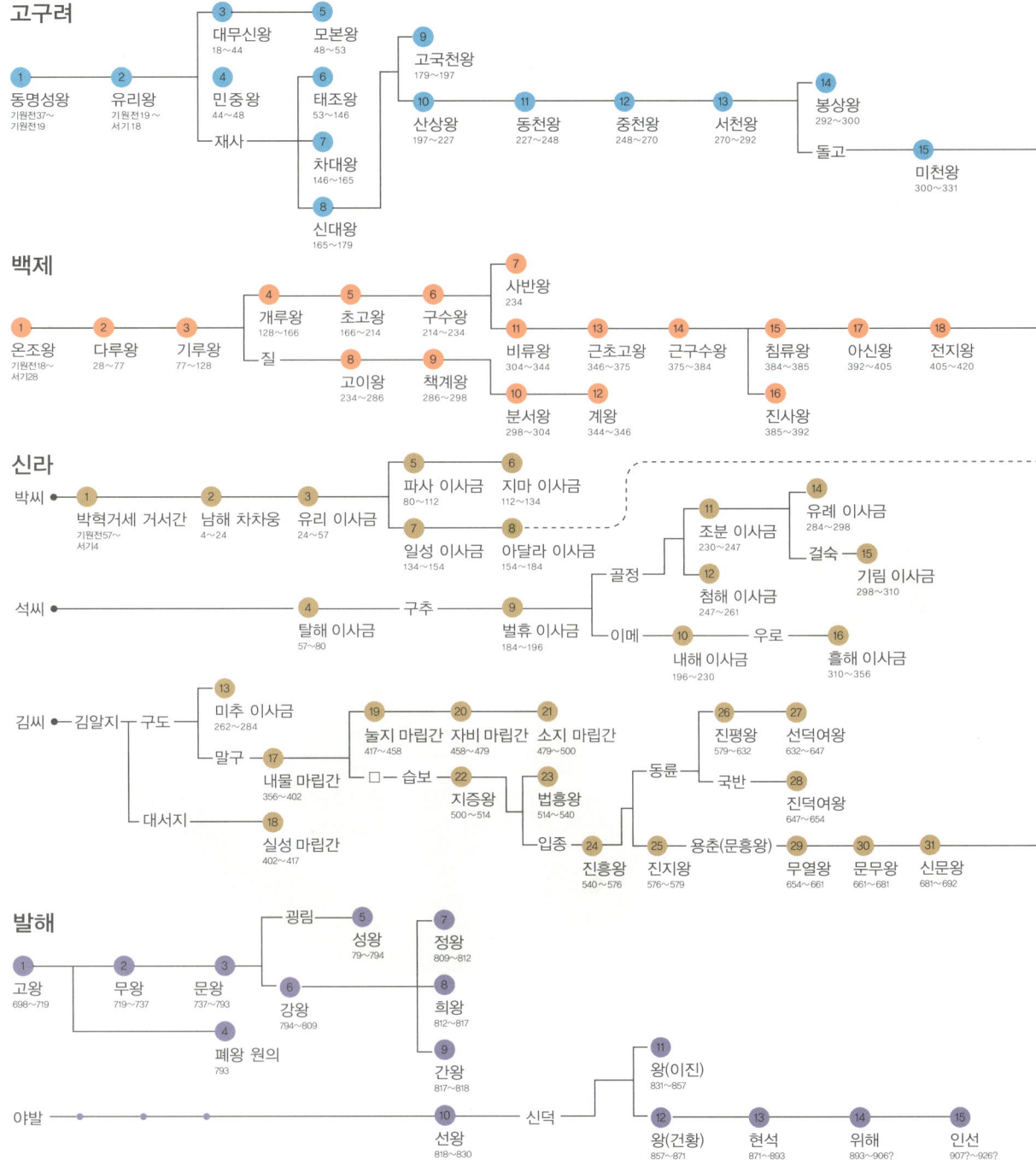

198 한국사를 부탁해

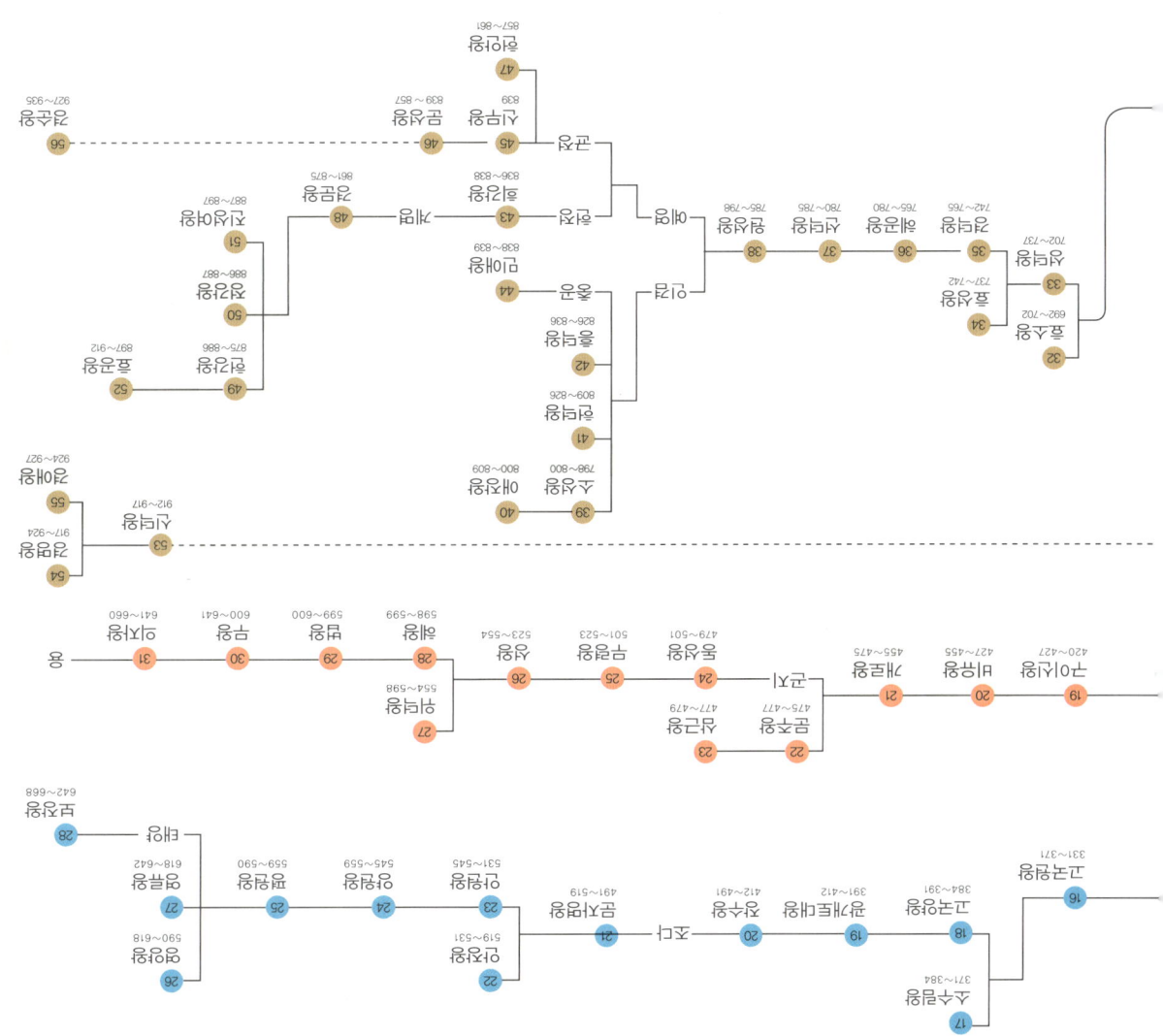

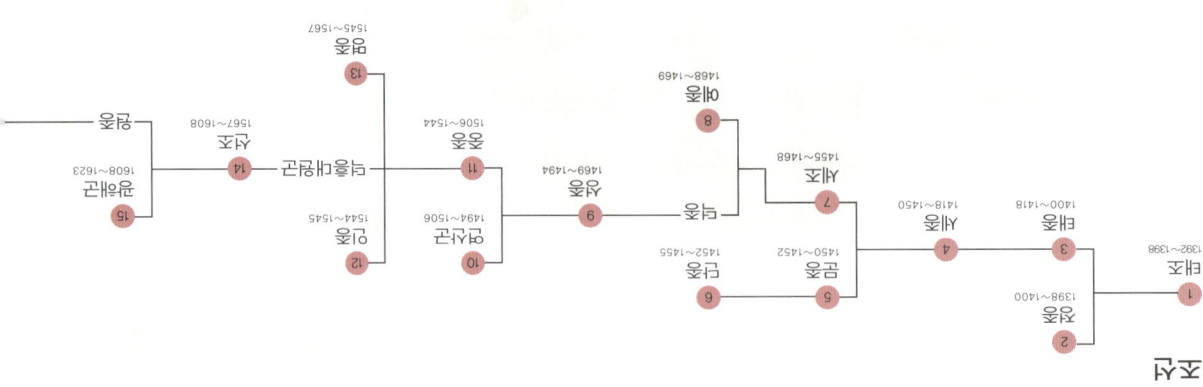
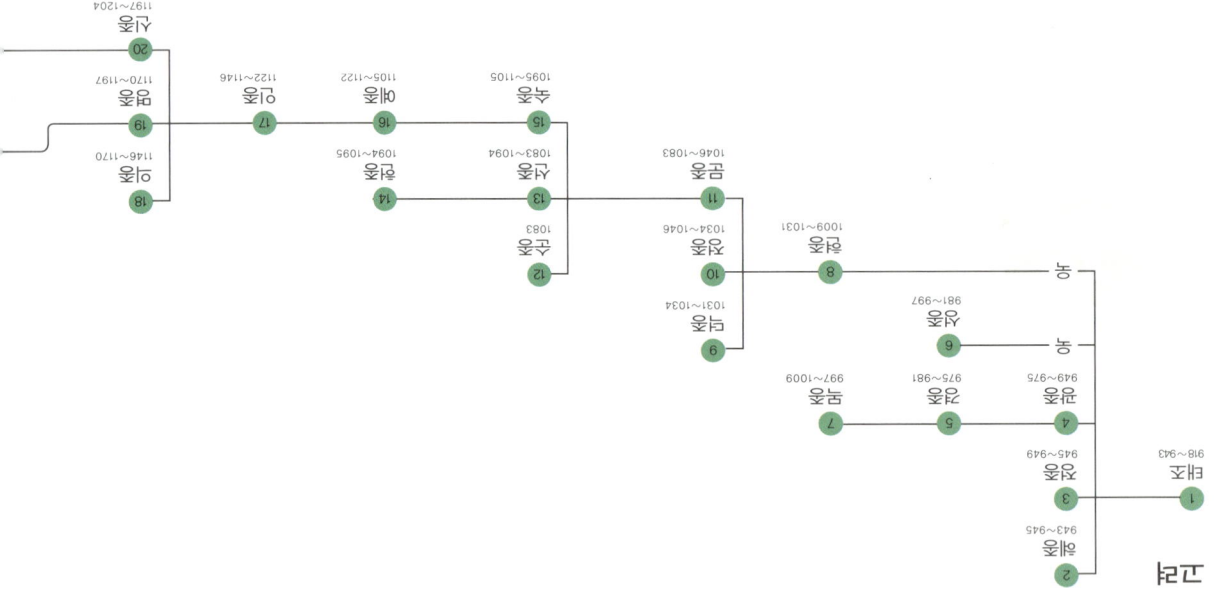

고려·조선시대 왕계표

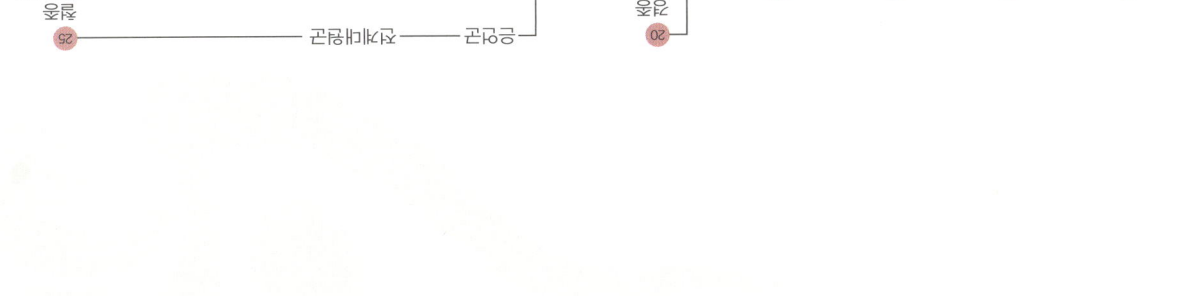